첫사랑 페페

윤 기 옥 시집

한맥

첫사랑 페페

시인의 말

여기까지 인도하신 하나님 은혜 감사합니다.
친가와 외가의 분에 넘치는 사랑과
어머니 아버지 눈물과 헌신
3남 1녀 행복한 맏이
믿음의 신랑 만나
부모님 도움 받으며 아들딸 키우고
어머님 병간호하며 야간 대학 직장 다니며
늦깍이 대학생 되고
꿈꾸던 교사가 되어 하늘을 날다

봉황산 자락 2층집 아들딸 결혼
남선현 회장님 만나 파김치된 몸 이끌고 고개 끄덕끄덕
시 공부 시작 항상 감사한 마음 가득
시집 들고 사색하며 뽐내던 사랑스런 소녀
못다 이룬 글밭을 일구어 갑니다.

나를 반짝이게 해 주는
외손자 인우가 태어나며 기쁨을 더하고
직장 생활 피곤함과 아픈 몸 위로함

주말마다 인우 보러 달려가고 영상으로 만나며
행복한 나날 보내다
인우 인하를 만나 소소한 일상의 기쁨
가족의 소중함과 넘치는 사랑
부모님의 희생에 감사하며 다정한 남편의 배려로
가정의 따뜻함을 그려 봅니다.

모든 가정의 건강한 회복을 소망하며
시집이 세상에 펼쳐지게 도움 주신
모든 분께 감사 드립니다.
처녀 시집 선물 주신 하나님께 영광 돌립니다.

2025년 6월 복된 소낙비를 맞으며

윤 기 옥

추천사

　고대 그리스 철학자 아리스토텔레스Aristotle는 『시학』에서 시는 메타포metaphor라고 했다, 이를 되새기며, 시집 제목을 보면 『첫사랑 페페』다, 첫사랑은 알 것 같은데 그럼 페페는 무엇일까? 이는 아몬드 페페(페페로미아 카페라타)의 준말로, 행운과 사랑이란 꽃말을 지닌 식물 이름이다, 윤기옥 시인의 친정엄마 그러니까 손주(인우)의 증조 외할머니께서 손녀딸 대신 증손주(인우) 태몽을 꾸고, 딸에게서 임신 소식을 듣던 날 딸과 사위가 화원에서 사 온 페페를 살림집 가족의 일원으로 체화시켜 태명으로 부르며, 시집을 비추는 현판이 된 것이었다고, 시인께서 귀띔해 줘 깊고 은혜로운 의미를 되새기며 독자께 알려드린다.

　의학의 발달과 핵가족 시대 전통 문화가 무너지는 작금의 현실 앞에 던진 가족 구성원에 대한 사랑과 배려와 관심의 시편들이, 평이할 것 같지만 평이하지 않은 시적 미학으로 우리 곁에 다가올 것이다, 또한 고령화로 인구 소멸과 출산율 저하로 인구 절벽 시대를 살아가는 우리들의 생활에서 보기 드문 시편들이 시인의 진솔한 시적 언어로 형상화되어 독자의 마음을 붙잡을 것이다, 특히 윤기옥 시인의 신앙생활과 절제된 가족애, 그리고 손주(인우, 인하) 사랑, 그로 인해 파생된 잔잔하고 포근한 언어들 또한 투병하며 느끼는 세상과 주 예수에 대한 사랑이며, 개신교 신학의 체계서라 할 수 있는 칼빈Calvin의 예정론이 몸에 밴 시인의 절절한 기도와 간절함이 가족의 끈끈한 사랑과 행복을 지켜 주고 있음을, 시편을 통해 느낄 수 있을 것이다.

  시집으로 들어가면 4부로 묶여 손주(인우)를 중심으로 생명에 대한 경외와 윤기옥 시인의 손주에 대한 사랑이 애틋하게 그려지고 있으며, 가족 간의 소소한 일상이 축복임을 알게 하는 시편들이, 1부 태어나다(19편) ―두 살까지, 2부 친구하다(19편) ―어린이집, 3부 동생과 함께하다(20편) ―동생과 함께, 4부 사랑하다(21편)로, 총 79편이 상재돼 가족 이야기가 소담스럽게 펼쳐지며, 기독교 사상이 깃든 사랑과 은혜로움이 독자의 마음을 포근하게 감싸며 붙잡을 것이다.

남선현 시인

차례

시인의 말 / 윤기옥
추천사 / 남선현

1부 태어나다

14 · 첫사랑 페페
15 · 위대한 선물
16 · 더해 가는 행복
17 · 호빵맨
18 · 첫 번째 이사
20 · 최고의 걸작품
22 · 후다닥 100일 사진
24 · 효자 예쁨이
26 · 고개 번쩍 떼구르르
28 · 두 이가 뭉툭
30 · 외가에서 한 달 살이
32 · 첫 손자 첫 생일
34 · 50일의 날갯짓
35 · 가슴 뭉클
36 · 아빠 바라기
37 · 짠하다 짠해
38 · 푸른 하늘을 날다
39 · 콩이 얼굴에 물들다
40 · 두 돌 어느 날

 **친구하다**

42・어린이집
43・긴 낮잠
44・고마운 음식
46・약 먹지 못해 난리나다
47・인우의 세상살이
48・공룡 천국
49・젓가락 처음 사용
50・바람이가 심술부리다
52・동영상
54・친구 딸 도운
55・새해 바람
56・손 씻기
58・인우 서러움
60・코로나 가족
62・이야기꾼 인우
64・인우 아씨 타기
66・쉬 가리기 도전
68・맞벌이 부부
69・멋쟁이 토마토

차례

 **3부 동생과 함께하다**

72 · 꽃 한 송이 사랑
73 · 동생 맞이
74 · 꼬마 모델
76 · 열매 탄생
78 · 빵 할머니집
79 · 열매 사진
80 · 동생 사랑
82 · 엉덩이 주사
84 · 엄마와 두 아들
86 · 철든 인우
87 · 빨간 원피스
88 · 에버랜드
90 · 파자마 파티
92 · 둘이라 더 행복
94 · 인하 최고
96 · 사이좋은 형제
98 · 가슴 무너지다
100 · 아프지 마
102 · 부산 여행
104 · 동생 자랑

 **사랑하다**

106 • 고흥
107 • 나의 명절 노래
108 • 늦깎이 대학생
110 • 감사의 새해
112 • 부족한 딸
114 • 사위와 여행
116 • 손놀림의 파도
118 • 그리운 님
120 • 소중한 인연
122 • 피아노 다리가 불어터졌다
124 • 하나님 은혜
126 • 감사가 터지다
128 • 금발의 팔순
130 • 바다 지킴이
132 • 유자차 추억
134 • 공감
136 • 동영상 편지
138 • 사랑 명절
140 • 음식물 처리기
142 • 오사카
144 • 추도 예배

▎시집 서평
145・육아의 경계를 넘나드는 사랑의 귀거래사
　　– 윤기옥 시인의 『첫사랑 페페』 시집을 중심으로
　　　　　　　송귀영(한국시조협회 자문위원)

1부

태어나다

첫사랑 페페

아기 소식이 왔을 때 기뻐 뛰며
항상 조심해야 함을 노래하고
만날 날 손꼽아 해바라기 되다

물을 많이 먹어야 한다는 의사의 말
구토가 나오도록 마시기를 다하며
양수가 부족하여 수액을 맞는다

비가 억수로 쏟아지고 우산이 날아가도
페페를 만나기 위해 미용실로 향하며
두근두근 첫 만남에 가슴 졸인다

위대한 선물

작은 점 하나
생명의 시작에 가슴 뭉클
심장 소리를 들으며
눈물 주르르르 가슴 쿵쿵

초음파 통해
눈 코 입 자랑하더니
양수 속 생명 영글어 가고
익어 가는 억센 어머니

의사의 청진기 영상 설명 스민
산모 가슴에 보물 1호 달고
세상 향해 기지개 켜는 빛나는 순간
바라보는 눈에 은구슬 대롱대롱

더해 가는 행복

만지기도 힘든 가냘픈 몸
옆에 꼭 붙어 앉아
응애응애 하면 뭘 해야 할지
고민하던 날들

보송보송 기저귀를 바꾸는 일
달콤한 젖병을 물리는 일
향내 나는 옷을 갈아입히는 일이
기쁨이 되었다

예방 접종 날 아파하던 손자
어느새 자라서 팔에 힘을 주어 안고
할머니의 세찬 손 견디며
트림할 때 연신 아이쿠 잘했네

택배로 늘어 가는 손자 물건과
먹는 것 응가하는 것이 데이터 분석되니
어찌할 바 쩔쩔매던 그 옛날 생각난다

이젠 왜 우는지 알아 척척
말없이 움직이는 손과 몸이
손주가 자식보다 예쁘다는 말 실감하며
동트는 아침을 맞으며 행복에 춤춘다

호빵맨
— 별명

만세 하고 발차기 좋아했지
그러나 우린 놀란다는 이유로
차렷 시키고 속싸개로 돌돌 말았어

여름 가기 전 반팔을 입어 봐야 한다고
손싸개와 발싸개도 해 버렸어
가끔 딸국질하면 토끼 모자도 씌우며

매일 찰칵하여 많은 사람 흐뭇하게 하는데
턱이 삼층으로 귀여운 호빵맨 되니

남자답고 아빠 닮았다는 얘길 하네
사진보다 실물이 훨씬 나은데

먼 훗날 건강하게 자란 동글이
행복한 외할아버지께서 지어 주신
별명 기억하길 기대한다

첫 번째 이사
— 바닥 매트

엄마가 만든 흰색 검정색 초점 책
펼쳐 놓고 이야기가 시작되었지

흰색 검정 모빌 따라가며
손을 움직이고 발차기 요란

입을 닭똥구처럼 오므렸다 혀 낼름
오 아빠도 인우 따라쟁이

엎드려 고개 들려고 안간힘 쓰고
주먹 빨며 엉덩이 씰룩씰룩

아기 체육관 발로 뻥 차며
얼떨결에 멜로디 들리니 오감 위해
엄마의 손 바빠지네

흔들흔들 바운서에 누워
칼라 모빌 잡고 싶어
온몸이 들썩들썩 손발이 춤춘다

첫 번째 나들이 완전 무장 유아차 안
호수공원서 잠만 자는 인우

엄마 아빠 꿀맛 외식하네

목욕 후 로션 바르다 활짝 웃는 모습
수염 그려 할머니는 코 닦아라

커다란 새 친구 녹색 공룡 바라만 보다
배 위에 올리고 친구하네

아빠 모임 두 번째 나들이
커다란 유아차 안 공갈젖꼭지 물고 새근새근

허벅지 통통 인우 2층 침대 흔들거려
별빛이 흐르는 거실 바닥 매트로 이사
뒤집기 준비하다

최고의 걸작품

3주 일찍 태어난 너
잠만 자고 있어 눈 뜨기를 소원했어

솜털처럼 가볍고
들릴 듯 말 듯 가는 숨소리

너에게 맞는 최고의 분유
발진이 나지 않는 기저귀
최상의 물티슈를 사용

모유 분유 응가 잠자는 시간
데이터를 분석하며 키워 나갔지

엄마 아빠는 선배들과 인터넷 통해
너의 양육 위해 날마다 공부

삼십일 칠십일 때 예방 접종을 하고
먹고 자는 순둥이 너
폭풍 성장을 했어

80일 지나면서 옹알이는 늘어 대화
허벅지가 튼튼 아빠처럼 축구 챔피언

90일 지나며 단유를 했어
모유 분유 함께 먹던 넌 분유를 잘 먹었어

증조할아버지 아빠를 닮았던 너
커 가면서 엄마 얼굴이 보인다구 하네

후다닥 100일 사진

어떻게 해야 할지 선배님 이야기 듣고
금반지와 다양한 음식 준비해
친정엄마 모시고 한걸음에 달려가니

빌려 차린 그린 색깔 포인트 상차림 위
백설기 줄 서고 비싼 초록 망고 맛 포도
바나나 감 대추 진열 풍선 속의 풍선이 나부끼다

주인공인 넌 곤하게 꿈나라 여행 중
우린 네가 일어나기를 오매불망 기다리며
전날 미용실 가서 꽃단장한 인우
엄마 아빠와 이야기가 한창 무르익을 때

외할머니의 바쁨을 눈치챘는지
고맙게시리 하품하며 빨리 일어났지
기저귀 갈고 버선 그린색 한복 바지
아이보리 저고리 입고 그린색 모자를 썼어

멋진 왕자님 난생 처음 의자에 앉았지
고개 숙인 인우 예쁜 사진 위해 뒤에서
모자 끈을 잡아당기고 후다닥다다닥 독사진
가족 사진을 찍었어 넌 두 주먹 불끈 쥐고

얼어붙은 얼굴로 잘 견뎠지

사진 촬영 끝내고 축복 기도 후 분유 먹고
옹알이하며 놀다가 다시 잠이 들었어
우린 인우 덕분에 맛있는 점심으로 배부르고

오후 시간에 자유복 패션으로
할머니 할아버지 고모와 가족 사진을 찍었지
사진 찍는 내내 귀엽고 의젓한 표정

지치지도 않는 달덩이 장군감 인우
저녁땐 목욕 후 장식 풍선 팔에 끼고 높이
흔들며 까르르 행복한 웃음소리 날리고

외갓집 카톡방 쉴 새 없이 축하 메시지 노래
100일 동안 건강하게 자란 인우
감사하고 사랑하며 축복한다

효자 예쁨이
— 첫 예배

첫 예배 드리러 가는 날
백일 지나고
11월 첫 주일
가장 멋진 모습으로 꽃단장

용당동으로 이사하여
잠깐 쉬고 계신
할머니께서 함께 동행하시다

항상 기도하며
사돈의 신앙생활 회복을 간절히 소망

친구가 교회 가자고 해도
움직이지 않던 할머니는
인우 데리고 첫 예배를 드리다

친구 왈 손자가 최고구나
인우가 할머니 모시고 왔대요

목사님 안수 기도하실 때
울지 않고
두 눈 동그랗게 뜨고

가만히 듣고 있었지

사랑하며 사랑받으며
감사하며 지혜롭게 자라
온전한 믿음과 축복의 통로가 되어라

고개 번쩍 떼구르르
― 140일

공기 의자에 앉아 있는
일흔 컷의 다양한 표정 천사 미소에
넋이 나가 예쁘다 말이 절로 나온다

아무리 봐도 닮은 곳 없어
엄마는 찾아내 속눈썹이 길게 올라간 것
사람들은 엄마가 보인다고 한다

왼쪽 모로 엎드려 있다
에에에 에― 에에―
다리를 움직이며 배에 힘이 가고
얼마나 얼마나 용쓴 다음

힘쓰고 용써 코브라 되다
차마 볼 수 없는 노력이다
끙끙끙 왜왜왜 에에에
안쓰럽고 대견하다

숨죽여 보다
외할머니의 짝짝짝
외할아버지의 파이팅!
외삼촌의 멋지다 메아리치다

이제는 누워 있지 않고 동서로 떼구르르
뒤집기를 자동으로 하여
코가 묻히지 않도록 눈여겨봐야 하는데
인우는 이렇게 잘 자랐어요 자랑한다

두 이가 뭉툭
— 275일

밤마다 한 번씩 깜짝 놀라도록
큰소리로 울어 대며
목욕할 때 엄마가
손수건으로 이 닦아 주면
좋아한다

어느 날 아랫니 2개가
뭉툭하더니 뾰족
그렇게 밤마다 울었나 보다
앵두 입술을 활짝 열어 하얀 이 자랑
인우 손이 자주 입속으로 들어간다

앞으로 기어가지 않고
옆으로 돌기만 하여 기지 않고
바로 걷겠다 이야기했는데

인우는 때가 되어
잡고 일어서고
잡고 옆으로 가기도 하고
손 잡고 두 걸음을 떼기도 한다

오늘은 빠르게 재빠르게

화장실까지 기어오고
거울에 비친 인우 보고 뽀뽀도 한다

모른 사람 보면 울어 대고
외할아버지 보고 윙크하며
두 팔 벌려 철썩 매미 되니
외할아버지가 황홀하여 숨넘어간다

외가에서 한 달 살이
― 300일

인우가 집에 왔다
아파트 엘리베이터 공사로 인해

인우 짐들이 장난이 아니다
먹을 것 입을 것
장난감 목욕 도구 책 등

시원한 안방을 내주었다
할아버지는 2층에서
할머니는 거실에서 잠을 잔다

모든 것이 인우를 위주로 돌아간다
제일 일찍 일어나 할머니를 만나
기저귀 갈고 이유식을 먹는다

여러 가지 장난감을 검지손가락으로 작동
노래에 맞추어 엉덩이 씰룩씰룩
신나는 하루

이제는 바쁘다
인우가 기어가는 속도를 따라가기 힘들고
잡고 걷기도 잘한다

인우가 퇴근하는 할아버지 할머니를
두 손 흔들며 반긴다

인우가 자라는 동안 할머니는 힘이 든다
이 모양 저 모양으로
할머니를 기쁘고 행복하게 하였다

1주일 한 번 인우 맘 밤새워
이유식을 만든다
아침 점심 저녁 메뉴가 다르다

첫 손자 첫 생일

나에게 찾아온 기쁨이가
뒤집고 기면서
날마다 새로움을 선사하더니
돌 전 걷게 되다

뭐라 말할 수 없는 벅찬
충만에 숨이 멎을 것 같아
큰소리치며 손뼉 쳤더니
인우 눈이 커져 버렸지!

6월 한 달 같이 살면서
기쁘기도 했지만
네가 달덩이처럼 커지면서
너무 힘이 들었단다

인우 맘의 3일분 이유식 만들기와
돌 한복 만들기로 난 지쳐 가고
급기야 병원을 드나들게 되다

순천 문화 센터의 놀이 활동까지
인우는 새로운 세계를 만끽하고
네 아빠는 금요일마다 휴가를 냈지

손뼉 치고 재잘거리고
인사도 꾸벅꾸벅
천재인 넌 음악도 잘 틀고

증조할아버지 증조 외할머니 모시고
식당에서 식사하면서
돌잡이하다
인우는 엄마 소원대로
마패를 잡았지

방실방실 웃는 너는
사진 찍어 주는 아저씨와
가족 모두를 즐겁게 하며
행복한 시간을 보냈지
항상 건강하고 찬란한 꿈 펼치며
하나님의 기쁨이 되길 소망한다 인우야

50일의 날갯짓

역류 방지 쿠션에 흰색 커버를 씌우고
바닥에 이불을 편 멋진 사진관

사랑의 가족방 카톡카톡 불난다
다양한 표정과 모습의 멋진 인우

엄마 친구들은 각자의 재능 발휘하여
글을 새기고 하트와 왕관을 씌워
세상에 하나밖에 없는 작품을 만드네

고개를 뻣뻣이 잘 자람을 버티고
목욕하기 싫어 울어 대던 아이는
두 주먹 움켜잡고 엄마 뱃속 그리며

쉬하고 응애 뿌시시 탱크 방귀 소리
배고프면 숨이 넘어가도록 응애응애

네 시간을 자며 엄마에게 비명의 쉼을 선사
목소리에 반응하며 눈맞춤 시작하네
모빌을 따라 30분씩 세상을 알아 가네

가슴 뭉클
— 듣고 싶은 말

엄마 아빠
아파트 빠방 콩 파파

손가락으로 자기를 가리키던 인우
인우라 말한다

응이라 대답하는 인우
네 하며 개미 목소리

콩 파파라 하더니
알아버지 알머니 한다
얼마나 듣고 싶었던 말이던가
가슴이 멈췄다

알아버지 알머니에
세상을 다 가진 것처럼
가슴 터진다

아빠 바라기

아침 제일 먼저 일어난 인우
아빠의 출근 시간 안 된다고
고개 흔들며 눈물바람 낸다

아빠는 회사 갔다 올게 하며
쓰레기 들고 나가고
인우는 고개 절레절레 눈물 펑펑

인우야 아빠가 간식 사 온대
얼마나 울다 언제 그랬냐 금방 그친다

아침 간식 먹고 놀이하고 점심 먹고
낮잠 자고 놀이하는 하루 속에

현관문 소리 들리면 쏜살같이
중문으로 다가가 열어젖히며
아빠에게 두 손 내민다
아빠 손엔 인우 것 대롱대롱
이제부턴 아빠 인우 차지다

짠하다 짠해

찡그리고 우는 것 어디서 배웠을까?
금방 그치는 울음으로 인우 봐 달란다

밥 먹다 그만 먹고 싶을 때 손을 밀고
자기 맘에 들지 않을 때 숟가락 물병이 뚝뚝
갖고 싶을 때 가리키며 으으 한다

인우 맘 울리지 않으려고
입김 뽀뽀로 원맨쇼 하면
눈물 뚝 언제 그랬나요?

아장아장 흔들흔들 뒤뚱뒤뚱
밖에 나가고 싶어 중문 흔들며
고개 쳐들고 베란다 창문 두드린다

코로나 땜에 집안에 갇힌 인우
눈물이 핑— 짠하다 짠해
하루빨리 밖에 나가고 싶어
오리가 산책하는 빨간불 초록불 책
자꾸자꾸 찾아온다

푸른 하늘을 날다

하와이 여행이
코로나로 인해 날아가고
20개월 제주도 비행기에 오르다

여수 구례 나주 전주 서천까지
나들이했던 인우는
걱정했던 거와 달리
사진첩 보고 핸드폰 영상에 빠져
사탕 빨고 엄마 품에 안겨
구름 위 두둥실두둥실
제주 도착 여행용 가방에 앉아 포즈 취하다

인우 스케줄에 맞춘 여유로운 여행길
드넓은 무꽃 밭의 검정 베레모 쓴 인우
한 폭의 수채화 감동의 선율
먼 훗날 아름다움으로 따뜻하게 기억되길

콩이 얼굴에 물들다

방문 저 너머 인우의 기척
문을 여니 일찍 일어난 인우는
가슴팍에 안기며 콩 한다

소중이가 먹을 것 생각하며
정성으로 콩 요리 준비하고 기다리다
그릇에 담아 주니 두 손으로 먹기 시작

먹물은 두 손과 얼굴에 물들고
게눈 감추듯 그릇을 비웠다
너무 놀라 괜찮을까 망설일 때
걱정 무색하게 이 보이며 씽긋

제주도 여행 때 맛본 콩
점심에도 저녁에도 입술에
콩꽃 피어 웃음 짓게 한다

두 돌 어느 날

날마다 새롭고 다양한 레고 놀이에
뽕 빠졌다

선물로 받은
파랑 노랑 초록색 타요 버스
비행기 속에 넣고 빼고 놀이하다

아침부터 빨강색 상자 가리키며 빠방
엄마 가방을 챙기고 중문을 연다

빨강색 빠방 사러 가자고?
엄마의 말에 네— 개미 소리

장난감 백화점 들러
인우는 빨강색 자동차만 들다

엄마는 대견하여
스티커 사도 된다고 한다
동물을 좋아하는 인우는
동물 스티커 하나 득템하고

돌아오는 길 할머니에게 손
뽀뽀 쪽 뽀뽀 쪽
만족의 기쁨 누리다

2부
친구하다

어린이집

좋은 선생님 만나게 해 주세요
친구들과 사이좋게
즐겁게 놀이하게 해 주세요

2년 1개월 엄마와 함께 있다가
어린이집 가는 첫날
1시간 동안 울다가
선생님 통화로 엄마와 만나다

이야기하는 내내 서러워 흑흑
엄마 없어서 울었다고 눈을 가리킨다
선생님이 꼭 안아 주셨어?
응
공룡 스티커 어린이집 가방에 붙이며
아직도 서러움에 윽윽
내일도 선생님에게 보여 줄래
인우가 빨리 적응되길 기도한다

긴 낮잠

저녁 6시까지 자고 나서
저녁 먹고
깜깜한 방에서
빠방 할머니 집 가고 싶어요
콩 할머니 집 가고 싶어요

영상 통화하다
오늘도 열 나서 어린이집 못 가고
기저귀만 하고
밥 먹고 놀이 중
기다란 빨래 바구니 안에 풍덩 들어가 놀이하며
공룡 팬티 입고 자랑하다

고마운 음식

식탁에 앉은 인우
축구하러 나가는 아빠 선물
공룡 놀이에 빠지고
인우 맘 밥 먹인다

밥은 인우가 먹어야지
할머니의 호통에

인우 맘 인우가 응가하고
엉덩이만 씻으려 했는데
샤워까지 해서
울고불고하여
밥 먹여 주고
티비 공룡도 보기로 약속하다
어리광 부리며 기분 업된 인우
할머니 끊어요

엄마는 할머니와
더 얘기하고 싶어
하얀 실 주렁주렁 낫또 하나
밥 먹는다
어른들도 잘 먹지 않는 건강한 맛

인우는 어려서부터 먹은
덕분에
대변 신호 변기에 앉으면
응가도 잘한다
고마운 음식

약 먹지 못해 난리나다

영상 통화 속
딸이 약병을 들고
인우는 커다란 눈만 보인다
인우는 안 먹겠다 야단법석

외할머니는 병원서 주사 안 맞으려면
약 먹어야 해 큰소리쳐
인우 맘은 잡고 난 꿀꺽꿀꺽 말하다
인우는 숨넘어간다
약 내려가게 물병을 들이댄다
다 먹었어요
울며 엄마에게 안긴다
중이염이 빨리 사라지길
세수하고 어린이집 가다

인우의 세상살이

어린이집 등원 첫날 1시간 울다
목이 아프고 열 나서
입원하며 기침해서 쉬는 중

얼마 후 등원 순천만 체험 학습 날
오매불망 노랑 버스에 올라
친구 꽁무니 졸졸 넓은 세상 탐색하고

돌아와 자랑스럽게 엄마께
친구 사진 짚으며 이름 말하고
점심 먹고 와서는 김치는 아닌데
그래도 좋아

두 달째 접어들어 주위만 맴돌다
드디어 낮잠을 자고 왔다
졸이던 마음 내려놓고 안아 주며
그래 아름다운 세상 맘껏 꿈꾸렴

공룡 천국

인우 아빠가 시간 내다
아들이 좋아하는 공룡
고성 공룡 엑스포 향하다

선선하고 파란 하늘
가슴이 뻥 뚫려

하늘만큼 커다란 공룡 무서워하지 않고
뿔 만지기도 하구
파란 눈 가까이
꼬리에 올라타기도 한다

하루 온종일
공룡 친구와 뛰노니

불타는 단풍 이불
인우 손 잡는다

젓가락 처음 사용

뽀로로 젓가락
엄지 검지 중지 손가락 끼고
밥 입으로 넣는다

눈은 핸드폰 영상 속으로
입속 밥이 쏙쏙

인우 잘한다
칭찬에
손 자주자주 움직여
젓가락 배우기 시작되다

바람이가 심술부리다

첫 추위 피부 와 닿는 어린이집 하원 시간
두꺼운 외투 완전 무장하고 집으로 향하다

인우야 만지면 안 돼
물위에 떠 있는 낙엽 쳐다보다가
엎드려 노랗게 물든 은행잎 주워 짜잔

은행잎으로 물장구친다
바람은 매섭게 쌩쌩

와와— 소리지르며 모자를 벗는다
모자 벗으면 안 돼 인우야 대포 소리

노랑 장화 물위에서 첨벙첨벙 춤추고
앞으로 갔다 홱 돌아 점프점프 점프점프

양손 은행잎 들고 신나 소리질러
인우야 바람이가 들어가래
그래도 신나는 놀이 계속되고

매몰찬 바람에 걱정되어
우리 상어빵 먹으러 갈까?

아랑곳하지 않고 점프점프
쿵— 물에 빠지게 바람이가 심술부리다

동영상
— 따라쟁이

코로나로 비대면 유아부 예배를
집에서 드리는데
찬양과 선생님 하는 율동을
앵무새처럼 따라한다

교회 동영상 제출 위해 온 가족이 뭉쳤다
인우는 흰옷 엄마 아빠 검정 옷 맞추어
텔레비전 앞
아빠 엄마 가운데 인우 섰다

〈반짝반짝 작은 별〉 음악 나오니
저절로 허리 손 엉덩이 씰룩쌜룩
왼쪽 오른쪽 고개 끄덕이고 무릎 굽힌다

오른손 위 왼손 아래 흔들고
뱅글뱅글 돌고
손뼉 치고
오른손 들고 예!
두 손 들고 예!
나팔 불면서
흥에 취해 소리내어 웃으며 빙글빙글 돌고
비추네 노래 부르며 잘 따라한다

두 손 흔들고 개구리처럼 팔짝팔짝 뛰며
메리— 크리스마스!

반짝반짝 작은 별 예수님 생일 축하해요

아빠는 어색하게 엄마는 예쁘게
인우는 곰돌이처럼 귀엽게
제일 신난 인우 방방 웃음꽃 피었다

신나고 즐거운 인우 가족
교회 전체 동영상 한 귀퉁이 장식하다

친구 딸 도운

인우 안녕?
할머니 인사
도운이가 보인다
도운이 놀러왔어요
인우랑 사이좋게 놀아요

누나인 도운이가 다가와
안녕하세요?
인사하며
할머니 찾는다
우리 도운이 많이 컸구나
인사도 잘하구 칭찬하니

인우가 쭈빗쭈빗 인사한다
안녕하세요?
시새움에 인사 두 번 받네

새해 바람

등원 때 눈물 보이며 헤어지고
하원 때 느긋하게 할 일 다하고
웃는 얼굴로 엄마 만나다

친구와 놀이도 잘하구 점심도 먹고
낮잠도 자며
활동도 잘 따라하다

저녁에 먹을 음식 정하고
엄마와 함께 요리하며 오늘도 쑥쑥 자라

엄마 독차지한 인우
새해 엄마 직장 복귀로
등원은 엄마
하원은 할머니 아빠 몫

인우야!
잘 적응하고
무럭무럭 씩씩한 어린이 되길 바래

손 씻기

갈색 공룡 내의 입고 화장실 세면대 앞
플라스틱 2층 계단 위
왼손 오른손 쭈물딱쭈물딱 비비며

"인우 손 씻고 갈게."
뭐라고 인우야!

"엄마 밖에 나가 있어."
엄마 밖에 나가면 인우 뭐하게
"인우 손 씻고 나갈게."
인우가 물 잠글 수 있어?
"응."

인우야 옷을 걷어야지
다 젖었네
두 손을 들고 "다— 젖었네."
두 손 흔들며 헤헤헤

물 잠가 봐
인우야 물 먼저 잠가야지
어떻게 잠글 거야

"안 된다."
수도꼭지 밑으로 눌러 꾹
눌러야지 여기를 밑으로 눌러

"됐다."

손 털고 가자 두 손 흔들며 톡톡 하고
기쁨으로 계단을 내려온다
오늘도 한 가지 도전 성공해 냈네

인우 서러움
― 안 돼요

인우는 입만 벌려
엄마 할아버지 수저 배달
냉큼냉큼 잘도 받아먹으며
날마다 무럭무럭 자란다

벽시계에 스티커 붙여
티비 보는 꿀맛 같은 시간
쏜살같이 지나니
한 번 더 한 번만 더
검지손가락 치켜든다
안 돼요!
할머니의 한마디에
눈물 펑펑 바가지 넘친다
어루만져 달래는 사랑스런 꿀단지

사랑받고 자란 아이 말 들을 때
가장 행복하다고 말하는 딸
조용히 하나님께 두 손 모은다

누워 있는 내 방
빼꼼히 행복 놀이 빠져 놀다
이불 속 내 곁으로 슬그머니 누워

토닥토닥—
눈 맞추며 자장가를 불러도
두 눈 말똥말똥
엄마 찾는 인우 뽀뽀 쪽쪽
고사리손으로 안아 주고
비행기처럼 떠나가니
오늘밤도 옆구리가 횅하기만 하다

코로나 가족

인우 맘 인우와 인우 아빠 여수 비행장에
데려다주고 돌아오면서 이상한 기분 들다

혼자 지내면서 쉼을 갖고 가족의 소중함을
생각해 보다

인우는 비행기에서 출발 전
콩 할머니 재미있게 놀다 올게요 얼굴 보이고

인우 맘 친구 가족과 합석하여
인우 도운 누나와 즐겁게 보내려 가슴 부풀고

인우 맘 연가를 내어 늦게라도 출발 계획
담임 샘 확진으로 근무하다

여행 첫날 소식 없더니
인우 밤새 열 나 자가 키트 하니 양성
다음날 돌아와
우리 집 오지 마세요
인우는 잘 먹고 이겨 내고 있는데
인우 아빠는 힘들다

인우 맘 시간 줄이기 위해 마스크 쓰지 않고 생활
온 가족 확진
아빠와 아들 여행 후 온 가족 코로나 가족 되다

이야기꾼 인우

그림책을 좋아하는 인우
가랑이를 벌리고 앉아
엄마 앞에 그림책을 펼치며
엄마가 읽어 줘 애는 책장을 넘기며
반짝이는 눈망울로
"아빠가 사탕을 사 오셨어요.
와 사탕이 다섯 개 들어 있네.
세어 볼까?"

"한 개, 세 개, 두 개, 세 개,
엄마랑 함께 하나 둘 셋 넷 다섯
친구들에게 자랑해야지.
왜 여기 찢어졌어?"
혼자 적당히 지어내는 것도 같고
책 속의 글을 읽고 있는 것도 같은데
아무튼 기특하지 않을 수가 없다

책 읽기에 이어져
"엄마가 테이프로 붙여 줄게.
엄마가 붙여 줄 거야.
친구들이랑 사탕 먹을까?
곰곰이는 사탕을 들고 나갔어요."

꿀복아 사탕 먹을래.
나 두 개만 줘.
곰곰이는 친구에게 사탕 두 개 주었어요.
나도 먹고 싶다."

"나는 사탕이 한 개도 없어.
그럼 이건 네가 먹어.
꿀복이가 남은 사탕을 주었어요.
우리는 골고루 한 개씩 먹은 거야.
엄마 끝."

외할아버지는 신기하고 대견하여 보내온
동영상에 빠져 핸드폰이 닳도록 본다
인우 맘도 깜짝 놀라 두 번째 읽을 때 찍어 보냈다
책 놀이 좋아하는 인우 달콤한 이야기꾼이네

인우 아씨 타기
— 동생 열매

나나집 가서 선생님께 칭찬 받을 정도로
즐겁게 지내고
할머니와 하원하는 것 일상 된 지 오래
할머니댁에서 오늘도
갈치구이에 밥 먹다

엄마 입덧으로 인해
인우는 저녁밥을 할머니집에서 자주 먹고
놀이하다 늦게 집에 온다

오늘 아침도 엄마 옆에 누워
조금만 더 조금만 누웠다 나나집 갈게요

30분 지나도록 일어나지 않자
엄마 먼저 신발 신을까
펑펑 눈물바람 엄마가 안고 나나집 달려가

엄마도 인우도 속상하다
예쁜 동생을 보는 일은
쉬운 일이 아니다
부쩍 엄마만 찾고
인우 맘 무릎에 앉고

인우는 서러운 시간을 보내며
형과 오빠가 될 준비하고 있다

쉬 가리기 도전

올여름에는 인우
배변 활동을 시작하려 마음먹다
작년부터 좋아하는
공룡 팬티를 기저귀 위
바지 위에 입혀 보는데 싫어하다

뒤척이다 늦잠 중인 할머니
깨우는 반가운 카톡
인우는 옷을 벗고 앉아 헤헤 웃는다
인우 안녕—
인우 엄마 숨넘어가게 자랑 늘어놓다
잠자는 밤 동안 팬티만 입고
어제부터 변기에 앉아 쉬하고
아침에도 일어나 쉬 가렸어요

할머니와 할아버지도 덩달아 손뼉 치며 호들갑
인우 최고! 멋지다 잘했어요
계속된 칭찬에
햇님같이 방글이며 인우가 고맙다고 한다

사과 먹고 나나집 갈 거예요
여벌옷 바리바리 챙기고

어린이집 가는데 걱정된다
그래 재미있게 놀다 와

하원 후 빵 할머니 집 소파에 쉬하니
할머니께서 깜짝 놀라 기저귀를 채우셨다
인우 맘 기저귀 치워 버렸다

엘리베이터 안 식당 어린이집 블록 위
이불 위에서 실수는 계속해도
괜찮아 인우야
온 가족이 쉬 가리기 작전 돌입

연흥도 구경하고 돌아오는 길
외숙모 화장실 따라가서 쉬 성공
쉬 가리기 성공에 온 가족 뿌듯

때 되니 가장 큰일 해낸 인우
걸음나비 사뿐사뿐
나무처럼 푸르고 건강하게 자라가길
기도한다 인우야

맞벌이 부부

오미크론 확산으로 어린이집 휴원
인우 엄마 아빠는 직장에 가야 하는데
할머니께서 몸져누우셨다

인우를 봐달라는 딸
오늘밤 데리고 온다는데

예배 드리고 오면서 머리를 굴려굴려
우선 긴급 돌봄 간식과 선물을
준비해야 하기에 새벽부터 바쁘다
인우 돌봄은 오전에 내 차례
오후에는 할아버지가 돌봐야 하는 형편
당장 나에게 닥치니 정신줄이 나가 버렸다

세상 젊은 맞벌이 부부들이 겪는 일이
이제야 피부에 와 닿는다
다행히도 오전은 인우 엄마와 할머니께서
오후는 휴가 낸 아빠가 보기로 했다
휴우 일단 불을 꺼서 기쁘고
사부인께서 가까이 계셔서
도와주시니 눈물겹도록 감사하고
건강하고 사랑받는 인우로 자라기를 기도한다

멋쟁이 토마토
― 생일 파티

어린이집 6, 7, 8월 생일 파티
한복 입고 오래요
그런데 겨울옷 입고 갈 수도 없고
인우 맘 만든 돌 한복 입고 가기로 결정

입어 보니 팔은 칠부
여유를 찾아볼 수 없이 꽉 낀다
한 시간 입고 여름이니 넘어가자

등원하는 엘리베이터부터 포즈 취하고
생일 파티 내내 싱글벙글
친구와 어깨동무
가장 행복한 미소는 백만 불짜리
선물을 친구에게 줄 때도
선물 받을 때도

네 명 친구 나와서
멋쟁이 토마토 율동 마무리
단연코 인우 돋보인다
누굴 닮아 엉덩이가 잘 돌아가는지
최고로 행복한 새록새록 기억날 생일 파티

3부
동생과 함께하다

꽃 한 송이 사랑

나나집 하원 시간
할머니 손 잡고
인우는
할머니
붕어빵 먹고 싶어요
아이 기분 좋아
마트 앞 발걸음 멈춰
킨더조이 한 개 들고 환한 미소

저번에 가족과 함께 갔던
꽃집 들러
아빠 선물로 빨강 꽃 주세요
주인 아줌마
없는데 어쩌지?
인우는 어렵네요 대답
분홍꽃 한 송이 들고 재빠르게
눈앞 서 있는 엄마에게
짜— 아안

엄마 선물이에요
가슴 뭉클
피곤 달아나게 하는
인우는 사랑스런 보배다

동생 맞이

인우는 아침저녁
얼굴을 보여 주다
밥 먹고
놀이하는 모습
색칠하는 모습

엄마 아빠는 열매 병원 들러
걱정과 달리
양수가 부족하지 않아
입원하지 않으니 감사하다

배내옷 준비하고
열매 침대 준비

아빠는 코코몽 키즈 카페
인우의 기쁨 채우고
피곤하여 곯아떨어지다

사랑스런 동생 열매 맞이가 분주하다
인우 몸과 마음이 기쁨의 형이 되기 바래

꼬마 모델

시절 좋아 배부른 산모들
기념 사진 찍어 오래도록 추억하는 행복
만삭의 딸내미가 빗질하며 색을 입는다

인우 동생 열매(태명)
만삭 사진 찍으러 함께한 가족
빨강 티 검정 바지를 입은 인우를 바라보던
사진사 아저씨
"잘생긴 아들놈 사진 한 장 찍읍시다."

하얀 상자 위에 올라
앉고 서고 손가락 브이에 눈을 찡그리며
윙크하는 모습
안경 낀 모델 손 하트 만세 소리 귀여움
발산하는 자연스러운 모습

진달래색 티 걸친 딸내미
의젓한 사위
아빠 곁에 바싹 붙어 웃음 주는 손자
온 가족 사랑스런 한 폭의 그림

사랑의 물결이 영원토록 울려 나니

훗날 기억에 남을 모습 차곡차곡
기쁨 즐거움 담아내는 인우는
오늘 하루
전문 꼬마 모델

열매 탄생

겨울옷이 무겁고 덥다
봄바람이 살랑거리는데
일기 예보 비 온 뒤 너무 춥다

주일 예배 후
소나기 한바탕 지나고
바람 거세고 비가 내린다
다시금 겨울 한파다

병원 다녀온다는 딸
2주 빠른 오후 3시경
출산 예정이란 말
한걸음에 순천을 향한다

세찬 비바람을 뚫고
코로나 이후 병원은
보호자 한 명만 상주
구석진 곳에 숨어 기다리다
열매 얼굴 딱 한 번 보고
열매 안녕— 반가워
도망치듯 빠져나오다

아기와 산모가 건강하며
둘째여서 더 감사
영상으로 날마다 나무처럼 쑥쑥
만날 날을 손꼽아 본다

빵 할머니 집

엄마 동생 낳기 위해 병원 가고
인우는 할머니 집에서 지내다
걸어 다니고 쿵쿵 신나니

경비실 전화 오고
아랫집에서 젊은 사람 올라와
시끄럽다
쓰레기도 버리지 마라

빵 할머니 황당하여
손주 온 시간 30분도 채 안 됐네요
쓰레기 버린 적도 없어요
며느리 애기 놓으러 가고
며칠만 있을 거라 사정 얘기하고
인우야 사뿐사뿐 걸어 다니렴

인우는 할아버지와 밖으로
킥보드 타러
온 가족 열매 맞이 준비 마치다

열매 사진

열매 사진이 왔다
인우와 똑같이 생겼다
쌍둥이인가 착각 들 정도

오똑한 콧날
아빠를 많이 닮고

다른 점 찾기 나서니
눈 귀 다르다

똑같은 발가락
분위기가 똑같다

코로나 이후
보호자 한 명만 동행
방문 안 되어
사진 오기를 목빠지게 매달리다

이젠 영상 통화로
열매 만나다
직접 만나기를 손꼽으며
건강하고 튼튼하게 자라길 기도한다

동생 사랑

엄마 아빠는 인우 차지였는데
동생 태어나고
혼자 하는 일이 많아졌다

밥도 혼자
어린이집 갈 준비
놀이도 혼자 척척
인하 옆에서 잠도 잔다

동생 우는 소리에
엄마도 달리고
인우도 달린다

공갈젖꼭지도 입에 넣어 주고
볼도 만져 주고 다독인다
기저귀도 휴지통에 쏙—

인우가 할 수 있는 일 많지만
가끔은 엄마와 놀고 싶어 서럽다
할머니와 그림 그리기
한글 놀이
할아버지와 클레이 놀이

재밌고 신나
방방이 속 인우 머리 생쥐 꼴

배고픈 줄 모르고 놀이하며
멋진 형아가 되고 있다

엉덩이 주사

기침하는 인우
동생 인하 있는데 걱정돼
할아버지께서 아침 일찍 병원 접수하시고
기다리지 않고 진료 보니 감사하다
집에서 하루 쉬고
우선하여 어린이집 가다

동생 인하가 기침한다
태어난 지 70여 일 걱정이다
인하 병원 검진 날 감기약 타고

인우가 새벽부터 40도 병원 응급실
독감 코로나 검사하니 독감
입원할 수 있는 병원 수소문
미즈 병원 1인실 아빠와 입원

할머니 병원 왔어요
수액 꽂은 손 들고
처음 맞은 엉덩이 주사
주사 맞을 때 쪼금 눈물 흘렸어요
많이 아프지?
울어도 괜찮아

밥 잘 먹고 집에서 만나자
잘 이겨 내고 쑥쑥 자라길 기도한다

엄마와 두 아들

주마다 꿀댕이들 보러 간다

콩 할머니 인우가 엄마 도와주고

모빌 인하 보도록 흔들어 주었어요

인하가 울면 제일 먼저 달려가
동생 볼을 만져 보다

동생 발차기에 손 잡고 나란히 누워
동생처럼 발차기하고
빵 할머니 손주들과 까르르 웃음바다

병원 가기 위해 처음 엄마 차
인우와 인하 셋이 탔다
인하가 응애응애 울음보 터트리면
엄마 인하가 울어요
괜찮아—
금방 갈 거야 조금만 참아
인하야 인하야
인우는 인하 걱정뿐

애기 띠 하고 인우 손 잡고
종종걸음으로 횡단보도 건넌다
야무진 엄마와 든든한 인우 형아

철든 인우

개구쟁이 인우가 철이 들다

동생 열매가 생긴 후
인우가 아침에 혼자 일어나
의자 밟고
화장실 불 켜고
계단으로 올라가
화장실 변기에 쉬하다

대견하면서도
걱정이 된다
화장실 바닥에 넘어지지 않도록
인우 맘에게 부탁하다

인우가 알아서 조심히 해요
날마다 자라는 푸른 나무 인우

빨간 원피스

산으로 울타리 친
넓은 아파트로 이사
놀이터 사랑 놀이에 빠진 인우
어린이집 친구 만나 반가움에
큰소리로 이름 불러

어느 날 빨간 원피스 친구
그네 함께 타며 찰칵찰칵
1시간 이상 즐거운 바깥 놀이 끝나고

친구를 초대하여 엄마가 만들어 준
피자 앞에 두고 마주보며 까르르—
무엇이 그리 좋은지 함박웃음 터지다

신나고 즐거운 하루
저녁도 못 먹고 다음날 9시까지
꿈나라 여행한 인우
고마운 친구 생각났겠지

초대 받아 가는 날
한껏 뽐내고
웃음꽃 핀 꽃다발 든 인우

에버랜드

사촌형 만나러 출발!

동생과 온 가족이
여수 비행기로 서울 구경
돌쟁이 인하 잘 탈 수 있을지 걱정
즐거운 여행하는지 떠들썩하던 핸드폰도 조용
할아버지 궁금하여 전화할까?

신나는 서울 구경 중
인우 콜록콜록
인하는 택시 안 굴러다니고
국회 의사당 보이는 평안한 호텔

동물 먹이 주며 용인 에버랜드 놀이 신나
아장아장 걸으며 눈 휘둥그레
사촌형과 약속 지키려 가다
정작 사촌형과 점심 먹고
1시간 동안 이야기
그림 그리기 인우를 기쁘게한 형
헤어지기 싫다

비가 내렸는데 오늘은 반짝반짝

즐거운 추억 한아름 안고
엄마 아빠 함께 행복한 여행
인우 마음속 사랑으로 차곡차곡
건강한 모습으로 만나길 기대

파자마 파티

인우가 고른 보라색 메타몽 잠옷
엄마와 커플룩

작년 어린이집에서 1박하지 못한
아쉬움에 올해는 도전장 내다
유월드 체험 학습 날
엄마표 주먹밥과 돈가스 도시락 챙겨
설레는 맘 가지고 버스에 오르다

회전목마 자동차 기차
친구와 함께하는
신나는 놀이기구 즐겁고
다양한 포즈로 친구들과 찰칵찰칵

열 손가락에 봉숭아 올리고
숨죽이며 기다리니
짠— 예쁜 손톱 두 눈 휘둥그레

촛불 모자 쓰고 선글라스 낀 채
파자마 입고 음악에 맞춘 댄스 파티
흥은 무르익는다

친구들 먼저 꿈나라 여행 중
나 혼자 잔다 폿말과 공룡 인형 안고
두 눈 말똥말똥 제일 늦게 잠든 인우

엄마에겐 다음엔 자지 않겠다 말하고
교회 삼촌들에겐 또 자고 싶어요
추억 조각 쌓아 가는 대견한 인우

둘이라 더 행복

손꼽아 기다리던 동생
네 살 차이가 나지만
쌍둥이처럼 모든 것 함께한다

아침밥도 나란히 앉아 먹고
장난감 놀이할 때도
책을 보는 것도 함께하고

고사리손도 잡아 주고
볼 뽀뽀도 해 주며
잠도 한 공간에 나란히 누워 잔다
인하가 울면 인우 형이 제일 먼저 달려간다

빨대 물병 들고 인하야 이렇게 먹는 거야
마시는 법 손수 보여 주는 친절한 형

부채를 들고 흔들며
동생이 기어오도록 돕고

콩알 과자도 동생 손 꼭 쥐여 주며
빈 그릇 보일 때까지 나누어 먹는다

이제는 동생을 안고 책을 읽어 주는 형
의젓하고 사이좋은
보기만 해도 꿀 뚝뚝 사랑스런 둘

인하 최고
— 고개 들기

먹고 자고 먹고 자고
인하는 나무처럼 쑥쑥
유독 긴 손가락 발가락
하이얀 피부 동그란 얼굴
형과 딴판

인우와 엄마 둘러앉아
인하를 뚫어져라 쳐다본다

넘어올라 말라
인하야 넘어올래?
넘어왔다
떼구르르—
인하가 넘어왔어

얼굴 붉으락
안간힘 쓰며 으으 아아
2차 도전
큰 바위 머리 쳐든다

깜짝 놀란 인우 형
숨 한 번 쉰 후

인하 최고 엄지척한다
엄마도 인하 최고!

영상 너머 인하 승리 보며
첫사랑 인우 생각 떠올라
입가 미소 퍼진다

잘 자라 때 되니
백만 불 미소 천사
가족들에게 기쁨 안기다

사이좋은 형제

생일 선물 최신 핸드폰 가지러
문을 여니 인우가
반갑게 맞이한다
인우 인하는 낮잠 후
늦은 점심을 먹는 중
주는 것 좋아하는 인하
자동차 변신 로봇 할머니에게 건네며
다른 색깔도 계속 계속 주고 있다

형 먹는 과자 견과류도 먹겠다 하나
엄마가 안 돼요 뚝 멈춘다

여행서 사 온 강아지 인형
서로 갖겠다 한다
형을 끝까지 쫓아가는 인하
뺏고 울고
남자아이 둘 키우면 힘들단 얘기
장난이 아니다

오후 놀이터 아이들 쏟아지고
형은 자전거 타고
인하는 그네 미끄럼 타는

신나는 놀이
동화 속 형제보다 더 정답게
함께 있어 행복하다

가슴 무너지다

2개월의 육아 휴직을 얻은 사위
거창한 여행 계획 주렁주렁
강원도 우크밸리 두 주간 계획
차가운 바람 날리려
아이들 두꺼운 외투 준비
인하 이유식 준비로 바쁘다

장거리 가기 전 경주 불국사 예행 연습
아름다운 야경 목 빠질 뻔
친구 가족과 즐거운 여행 돌아와
인우 감기 인하 열 나고 경련 나
어찌할 바 가슴만 무너진다

5인실 감기 환자들 틈바귀
열 내리기 방법 잠만 자다
즐거운 여행 후 온 가족 놀란 가슴 안고
큰 병원 알아보며 연휴 발만 동동
중보 기도 부탁하며 주님께 매달린다
다행히 열 내려 안식처 도착

큰 병원 알아보는 중
아이가 너무 어려

가까운 광주 병원 빠른 예약
기다리는 중 가슴이 타다
인하는 할아버지 두 팔에 쏘옥
언제 제가 그랬나요 방실방실 웃으며
예민하고 자기 표현 정확한 둘째
무럭무럭 자라길 기도한다

아프지 마

방학 중 인우 인하
부지런 떨고 식탁 앉아
게으른 할머니 잠 깨운다

나주 친구 집 가고
이웃집과 부산 여행 가요
딸내미 자랑에
아이들 피곤하지 않을까?
인우 아빠가 가고 싶어해요

여행 가기 전날 남편에게 긴급 타전
인하 열 나서 성가롤로 가요
기도 부탁 드립니다
연휴 병실 없어 발 동동거리다
특실 자리 꿰어차고
콜록콜록 인우 독감 검사 끝나
고모랑 집에서 지내다
인하는 작년 이맘때도 병원 신세였는데
열이 떨어지지 않아 걱정이다
잠자고 일어나자마자
형아가 갖다 준 멍멍이 인형 놀이 신나고
하룻밤 보낸 핼쑥해진 인하

백혈구 수치 높아 하루 더

기저귀 뒤집어쓴 천사 피곤한 인하 맘 녹고
아빠 편에 들려진 형아의 손 편지
삐뚤빼뚤 하트와 알아보기 힘들게
아프지 마—
눈물겹고 감동이다
퇴원하여 형제가 함께하니 살맛난다

부산 여행
— 첫 가족 여행

설 연휴 계획했던 2박 3일 여행
가방 싸며 설렘 가득
조카들과 부모님 위한
아들의 꼼꼼한 여행 계획서에 깜짝
어버이날 맞아 친정엄마 먼저 뵙고

주일 오전 예배 끝나고
제비처럼 김밥 두 줄 입에 물고
양방향 함안 휴게소 도착
손주 만나 차 두 대로 부산으로
인우 인하 멀미 땜에
먹고 싶은 것 꾹 참는데
긴 연휴 차들은 거북이걸음

부산 국제 시장 깡통 시장
골목길은 물건 사람들로 치이고
국제 시장 꽃분이네
영화 기억 새록새록
깡통 시장 사거리 분식집
숫자 깃발 들고 밀떡 오뎅 튀김
한입 소음 속 정신없이 먹방
인우 핫도그 호떡 수박 주스로

허기진 배 입가 웃음 피고

북새통 지나
유명한 보수동 책방 골목
인우 포켓몬스터 할머니 크로키 책
달랑달랑
광안리 대교 지나며 부산을 품는다

기장 인생 네 컷 해양 수산 과학관 돼지국밥
이케야 커피숍 롯데몰 등
어머어마함에 놀라고 강행군에 녹초
각자 손에 한아름 안고 헤헤―

사위와 며느리 인우 인하 함께한
첫 가족 여행 감사의 하루가 저문다

동생 자랑

오늘부터 셋이서 등원하는 날

인우 맘 인우에게 부탁
늦지 않게 등원하려면
인우가 혼자 밥 먹고 준비해 줘

아침마다 밥 먹다 놀이하던 인우

일찍 일어나
혼자 밥 먹는 형
사랑스런 꿀단지가 된다

등원 준비 끝나
여유 부리며 어린이집 앞
인우는 친구에게 자랑
내 동생 인하야—
내 동생 볼래?
엄마 아기 띠 속에 있는 파묻힌 동생
계속해서 자랑
모두가 행복한 등원 길 첫날

4부

사랑하다

고흥

친구 결혼 축하하러 처음 와 본 곳
식 끝나고 함께 밥 먹었던 식당
가물가물 희미한 기억 속 안개

세월 지나 여름 성경 학교 강습회로 찾아와
힘 다하여 봉사하며 은혜 물결 파도치고
양장지 한 벌 선물받고 함박웃음 짓던 곳

화려한 줄무늬 티 뽀얀 얼굴 보니
식당 옆자리 앉았던 안경 낀 그이
콩나물 버스 타고 떨리며 인사 오던 날
꼬불꼬불 왜 그리도 멀었던지

자식 업어 새벽 버스 타고 병원 달리며
고등학생 유학 보내던 잔잔한 시골
지나는 사람 두드리는 하얀 집 짓고
삼십 년 살다 보니 자랑스런 내 고향

젊은 귀농인 찾는 행복한 보금자리
치유산 풍성한 바다 놀러오라고 나팔 불며
발품 팔아 이곳저곳 구경시켜 드렸더니
섬의 향연에 동남아보다 멋진 천국

나의 명절 노래

젊은 날 난 명절이 가까이 속삭이면
분주한 나날로 허덕이다
황홀한 서울 새벽 시장 누비고
프로포즈하도록 가장 멋지게 전시
손님을 맞이하는 일로 춤추다

머나먼 곳에서 오색찬란한 향기로
솜씨를 뽐내며 고생한 형님들께서
가져온 음식으로 수놓은 상다리로
온 가족이 모여 감사의 만찬 나누다

세월이 흘러 이젠 계획을 세우고
장바구니를 챙겨 재래시장을 누비며
음식을 만들고 새로운 메뉴 개발 연구
기뻐할 가족을 기다리는 안주인 되다

부모님과 함께 만든 주먹 만두
형제가 함께 빚은 기피 송편
온 가족 함께하는 복된 설
나이 한 살 더 먹는 행복의 노래

늦깎이 대학생

선생님이 꿈이었던 소녀
동생들과 부모님 생각하며
상고 졸업반 취업한 살림 밑천

결혼 후 교회 학교 봉사로 만족
감사하며 구름 따라 흘러가던 40대 후반
어머님 병간호 중 지인과 남편 도움
고흥 캠퍼스 야간 대학 다니며
꿈에 그리던 유치원 강사
아이들 손 잡고 집집마다 데려다주며
첫 직장 기쁨을 만끽하다

더 높은 꿈 찾아
어린이집 근무 중 방통대 편입
주말마다 버스에 올라 광주행
젊은 친구들과 함께하는 스터디
너무 재미있고 신나지만
돌아오는 버스 안 지쳐 꿈나라 여행

쉽지 않은 낮에 일하고
새벽까지 공부하는 일
젊음과 열정으로 마라톤 골인 후

꿈꾸던 유치원 방과후 교사
아이들과 행복한 생활을 누리다

아들딸과 함께한 대학 생활을
충만한 기쁨과 즐거움 더하다

그때로 돌아간다면 엄두 나지 않는 일
젊음과 건강이 있던 그 시절
내 인생 눈부시게 찬란했던 청춘

감사의 새해

옛적 손을 호호 불며
보릿대로 물을 덥히어
목욕재계하고 꼬까옷 입고
뽀드득뽀드득 잰 발걸음으로
기쁨을 노래하던 새해

종가댁 우리 집
준비하는 것 많아
버스를 타고 다니던 순천 아랫장
새해 다가오면 어머니 아버지께서
장 이곳저곳 둘러보고
푸짐한 바구니와 보따리 가득
택시 타고 집에 오시다

양손 가득 선물 꾸러미
들고 오는 친척들을 맞이하여
새배 드리면 주머니가 방긋방긋
지나온 이야기로 꽃피우며
떡국 끓여 나이를 더하다

언젠가부터 부러움 가득
나도 선물 한아름 안고
친척집 찾아가 보고 싶다
이제는 그리운 친정에
아들딸과 사위가 동행한다

희망과 기대의 새해 아침
건강을 위해 걷고
봉사 헌신 다짐하며
펼치는 꿈마다 이루어지는
감사의 새해를 소망하다

부족한 딸
— 며느리

진수성찬 생일상을 받고
생일 용돈을 받으며
꼬박꼬박 눌러쓴 사랑 편지를 받다

아이들과 등산하며
손빨래하여 반짝반짝 빛나게
카레와 튀김 간식으로 행복하게 하는
신세대 어머니

한솥밥 먹다 보니
만나는 이마다 딸이냐고 물으면
내 딸이다 말하다

병든 몸으로
병간호 받으며 감사하며
미안한 마음 커만 간다

이제는 요양원으로 가던
발걸음 멈추고 함께했던 시간 여행으로
많은 시간 자유롭다

과분한 사랑 받은 나
어머님 존경하고 행함의 믿음을 닮고
그 옛날 함께하던 님 그립다

사위와 여행

두려움과
떨림으로
기도 드린다

든든한 사위와
버스에 앉아
이야기를 나누다

늦은 밤 서울에 도착하여
택시에 몸을
맡기다

형님 댁에서 고단한 하루 묵고
큰아주버님의 안내 받으며

병원 의사 샘
이야기를 듣고
감사를 드린다

차창 밖의
단풍이 붉게 물들어
뽐낸다

기차 안
단잠에 빠져
달리다

형님의 대접과
동행인의 친절
아름다운 단풍 여행 되다

손놀림의 파도

강풍 동반한 많은 비가 온다는 말
신랑을 깨우고 아침 먹다
바쁜 일손 도울까 운동 갈까
망설이다 산 향해

힘들지만 빠른 길 달려 목적지 앞
주차장의 많은 차 보며
발이 산책로 입구에 다다라

먼저 온 팀들 옹기종기 이야기꽃 피우며
목을 축이다
향긋한 내음이 코끝 만지고
가지런한 편백의 길 나의 가슴 뚫고

편백 열매 방에 걸어 냄새 죽이던 옛일 떠올라
동글동글이 주우며 추억에 젖다
정성스레 가꾸어 놓은 편백 숲길
마음 닿아 함께 오고픈 얼굴 스치다

매실 따러 오라는 엄마 간식 사 들고 달려
푸르른 녹음과 썰물의 바다
갯벌과 씨름하는 사람들
어린시절 걸었던 바닷길 눈에 선하다

바닥에 쏟아진 매실 한 알 한 알
비탈진 밭 풀숲은 허리를 감아 비틀고
일년 내내 마시는 매실차 감기 도망가
매실액만 가져다 먹던 나
엄마의 넓은 마음에 가슴 아리다

그리운 님

따갑고 콧등이 시원한 어느 가을날
운동화 챙기라는 남편의 말
깜박 정신을 차리다

길에서 멀리 떨어진 쌩쌩 달리는 터널 위
칡넝쿨 엉클어져 앞이 보이지 않는 길
꼬불꼬불 자동차 신음소리에 영차영차

조심조심 주차하고 우산 지팡이 삼아
길게 심호흡하며 일직선 오르막길을
헉헉 헉헉헉 남편 손까지 당긴다

몸이 아픈 당신 혼자 이곳까지
어떻게 오셨을까? 얼마나 마음 바빴을까?
자식들 걱정 끼치지 않으려
스스로 준비한 마지막 몽랑집

높고 높은 울타리 감싸안은 양지밭
멀리 보이는 우뚝 솟은 산봉우리
친구 삼은 백일홍 물든 동산

한동안 오지 못해 죄송했는데
건강하여 님 찾아 걷게 됨을 감사하며
그리운 아버지 사랑에 취하네

성실하시고 부족함 없이 키워 주시고
딸 위해 쉬었다 택시로 가시며
부자로 살게 된다는 말에 기뻐하셨던 님

표현하지 않는 따뜻한 눈빛 사랑으로
언제나 미소 지으며 반갑게 맞아
주시던 님 기억하며 힘을 얻습니다

소중한 인연
— 엄마와 고모

엄마는 시집와 애기씨 키우고
학교 보내고 시집 보내다
이제는 홀로 사는 인생
순천 여수 오가며 더 끈끈한 자매 되어
수시로 집에 불러 맛있는 음식을 나눠 먹고
좋은 것 선물하며 함께 익어 가다

미루던 여행 날 잡고
금요일 순서 바꾸며
여행 전날 고모는 언니와 잠자고
사위를 배려해 고흥 버스에 오르다

화창한 가을날 버스 터미널 마중
가방을 메고 들고 고흥읍 소개
집에서 커피로 목 축이고 일찍 퇴근한 남편과 고— 고—

들뜬 고모는 기름값 내며
직장 당번을 바꾸는 일부터 모든 것 감사하며
입술에 찬양 절로 나오다

인우 아빠 선물인 진도 솔비치 숙박권
우리나라 3번째 큰 섬 여행
배추와 대파로 짙푸르게 수놓고
연못 정원 산책하는 5대 화맥 운림산방

아픔과 슬픔을 기억하고 반성하는 팽목항

눈 녹듯 고소한 회와 탕에 취하고
왕궁 야경은 외국 어느 곳보다 황홀
편안한 숙소에서 샤워하며
60년 살아온 실타래가 밤새도록 풀리다

아침 커튼 젖히자 이글거리는 일출 보너스
밥이 칙칙 음식 차리며 감사의 하루 열고
얼굴에 분칠하고 여행 위해
준비한 빨간 티 회색 조끼 입으며
행복해하는 고모 아픈 곳 사라지다

진돗개 테마 공원 국화 축제장 팔랑팔랑
뜨거운 심장 벌렁 다양한 포즈 자태 뽐내며
꿈 많던 소녀로 훨— 훨—
진도 타워 발아래 영롱한 섬들의 향연

강진 들러 엄마의 점심값 연탄불 구이
추억을 달래고
산천의 단풍을 벗삼아
출발지 모셔다 드리니
빛나는 창공 흐뭇해하다

피아노 다리가 불어터졌다
— 폭우

하늘이 뿔나
거친 폭포
길 위를 헤엄친다

무시무시한 물대포
난도질은
둑 터져 삶이 엉망진창
생명이 떠내려간다

인공 수초와 태양광
인간의 끝없는 욕심은
가슴에 피멍 든다

꽁꽁 숨겨졌던 기억이 살포시
시집와 살면서 만난
3번의 물난리

담벼락과 마당에서
물이 퐁퐁퐁 솟는다
가슴 벌렁벌렁 대고
입술은 파르르

마당의 흙탕물은 허리를 감고
방은 물이 찰랑찰랑거리며
피아노 다리가 불어터졌다

어머님은 삼촌 등에 옆집 2층과
흙탕물 넘실대는 냇가 옆 동서 집

진흙탕 속 보배 찾아
씻고 빨고 해바라기 되는
퀴퀴한 냄새 가득한 삶

은혜와 인고의 시간 흘러
2층의 그림 같은 궁에서
퐁퐁퐁은 아 옛날이여

하나님 은혜

집 먼저 알아봐요
이곳저곳 다녀도 전세가 없고
그리고 새집은 너무 비싸다

결혼 날짜를 잡다
7월 3일 토요일 11시
너무나 기뻐서 눈물이 주르륵—

눈물나게 기다리는 친정엄마와
큰형님께 제일 먼저 기쁜 소식 전하다

날마다 잠이 안 온다
물질의 도움을 주어야 하는데

아들 계획을 세워 오다
모두에게 기쁨을 전하는 소식
행복한 가정을 두 손 모아 기도한다

꿈꾸는 아이들과
멋진 부모님과 살게 하시고

새소리 아침을 여는
하얀 2층집 주시고
안식을 허락하시며

잘생긴 든든한 사위와
인우를 주셔서
날마다 구름 위 두둥실—

코로나 이후 깜짝 놀라게
많은 축하 하객 밀려와
전주에서 아들 혼례가 끝나고
돌아오는 길
예쁜 꽃비 단비가 내리다

믿음의 며느리
믿음의 가문을 잇게 하신
여기까지 오게 하신 것 하나님 은혜입니다

감사가 터지다

남의 일 나에게도
아프지 않을 것 같고
수술하는 게 남의 일로 착각

세월 흘러 나의 일 되다
3년 지켜본 갑상선
커지며 모양 변형 수술 날 잡다

머리로는 덤덤한데 몸은 말하다
피곤함 직감 아무 일 하기 싫다

끝없는 수술방의 무서운 공포
이름 생일 수술할 곳 묻고
침대 누웠는데 깨 보니 회복실

울렁증 나고 기침 심하다
회복실은 아수라장 전쟁터

병실 3시간 외침의 사투
울렁증 약 먹고 입 틀어막고 냉찜질 전력

3일 만에 퇴원 말하고 손가락 움직인 것
시간 흘러 씻을 수 있어 감사

함께 염려와 기도해 준 모든 분들
도움 준 의사 간호사 샘 모두모두 감사
새 생명 주신 하나님께 감사 터지다

금발의 팔순

엄마라는 단어
언제나 마음 젖어 먹먹한 가슴
바쁘다는 핑계 삼아 자주 찾아 뵙지 못하는 현실이
야속하기만 하다

꽃다운 나이 바닷길 건너 육지 땅에 시집오던 날
외할아버님 말씀 단단히 가슴에 심고
낮은 산자락 논밭길 외딴집에
칠 남매 맏이 오 남매 종손의 며느리로
새벽달 벗삼아 사 남매 출가시켜
열한 명의 손주와 외증손자
믿음 소망 사랑의 꽃을 피웠다

대장부 성실한 가장 눈물로 밤새운 나날
손자들과 살 부대끼며 노인 대학 벗들과
행복한 날들 보내시는 어머님
코로나19로 온 가족 함께하지 못하고 케이크와
예쁜 꽃 조촐하게 차린 팔순 상에 목련처럼 함빡 웃다

애기씨와 쌍둥이처럼
곱디고운 분홍 저고리 보라색 치마 한복 입고
수줍게 촛불을 끄시는 금발의 권사님

고맙고 사랑합니다
언제까지 부르고 싶어요 어머님

바다 지킴이

초등 방학 어김없이 찾았던
외갓집 육지에서 바라보는 작은 섬
바닷가 입구 물때 기다려
썰물 때 좁은 뻘 길로 걸어가고
밀물 때면 두 손 입 모아
누구네 배 보내 주세요 소리치고
섬을 돌아 배 귀퉁이 눈앞에
아른거리면
안심하고 기뻐 어찌할 줄 몰랐다

다정다감하신 외할머니 외할아버지
잊을 수 없는 맛 녹두 칼국수
포근한 목화솜 결혼 이불
바다에서 소용돌이치는 파도
갯벌에서 갓 캐낸 개불 맛
어찌 잊으리오

칠 남매 막내 외삼촌은
객지 생활 접고
숙모와 함께 고향을 지키는
바다 사나이
싱싱한 해산물과 농산물

풍족한 선물 이고 지고

지금은 옛 운치는 없지만
전 대통령이 놓아 준 다리 위로
시내버스가 다니고
낚시와 구경하러
자가용으로 아무때나
갈 수 있는 편리한 곳
자주 들르지 못하지만
아름다운 고향을 지키는
후손 덕분에 언제든
추억을 노래하게 하시니 감사하다

유자차 추억

어린시절 할아버지께서
시향 모시고 가져오신
노오란 열매 두 개
무엇인지 몰라 주물럭
주물럭 향내 가득
딱딱하고 검은색 되니 버렸네
이제 와 생각하니 그 유명한 유자

시집와서 노랗게 알알이
물든 동산 눈요기하며
아름다움에 감탄사
연발하다

얼룩뱅이 고목나무에서 딴
향기 최고
난생처음 유자차 담아서
큰형님께 선물
고마워하시며 손님
대접하는데 웬걸 쓴맛
유자차에 달콤함이 부족했네

깨끗이 씻어 반 도막 안을 파내
가위로 오려 씨 빼내고
설탕과 유자의 최상 비율 더해져
감기 날리는 향과 맛의 일품 차 되다

함께 모여 세상 이야기꽃 피우며
받을 분 떠올려 정성과 사랑 더하고
유자 향에 취해 비틀거리며
행복하던 구제 사업
코로나가 없앤 그 시절 언제 오려나

공감

띵동—
주말 오후 문자가 오다
찬 맛있게 먹었어요
인우 인하 보니까
밥 안 먹어도 행복하지 않나요?
넘 이뻐요
손주들 사진 보다가
사돈 생각났어요
좋은 두 분 사돈 만나게 되어
감사합니다

저도 그렇습니다
하나님 은혜임을 기억하고
감사하며 살고 있어요

딸내미 김치 가져갈 때
더 준비하여 드렸더니
항상 감사 전화가 온다
전화 안 하셔도 된다고
말씀드려도 매번 온다

가까이 사시면서
손주들과 놀아 주시고
며느리를 도와주시니
감사하고 영원한 가족

동영상 편지
— 세 번째 스무 살

며칠 밤새워 만든 동영상 아들 편지

감사의 마음 담아

꽃다운 소녀의 모습에서
시간이 흘러 어느새 환갑을 맞이했네요
젊은 날의 멋진 아빠를 만나 결혼을 하고
이제는 평생의 동반자가 된 남편 신영균

아들 신현민
딸 신현선

건강하게 낳아 주시고
사랑과 희생으로
부족함 없는 환경과
멋진 기억들을 만들어 주셔서 감사해요

모두다 엄마 아빠 젊은 날의
희생과 고생이 있었기에 존재합니다
아빠가 펼쳐 놓으신 그늘 아래서
비를 피하며 자랐고
엄마의 포근한 다정함은
가장 큰 위로가 되었습니다

언제나 늘 젊은 엄마 아빠일 것 같았는데
어느덧 시간이 흘러 엄마는 할머니
아빠는 할아버지가 되었습니다
인우와 놀아 주는 할아버지 모습에서
어릴 적 다정하게 놀아 주던 아버지가 보이고
인우와 책을 읽는 할머니 모습에서
어릴 적 공부를 가르쳐 주던 엄마 모습이 떠올랐어요

시간이 흘러 많은 것이 변했지만
아빠의 힘은 그 누구보다 위대하고
엄마의 품이 세상에서 제일 따뜻했다는
것을 알았어요
언제나 저희에게 버팀목이 되어 주셔서 감사합니다
이제는 저희가 엄마 아빠 힘이 되어 드리겠습니다
늘 자랑스럽고 대견한 자식으로 살아갈 거예요
세상에서 제일 예쁜 우리 엄마
60번째 생일을 진심으로 축하 드려요

기쁨과 감사의 눈물 그렁그렁하다

사랑 명절

서울서 연락
명절 한 주 전 토요일 만나자
마음만 분주하다
사촌 손자들까지 온다 하니
아이들이 좋아할 음식
뭐니뭐니 한우가 최고

꽃다발 준비하고
어디까지 오셨는지 확인하며
먼저 산소로 향하다
미래 아파트 뒤 산등성이 올라채면
가슴이 뚫린다

부모님은 편백과 밤나무 울타리 아래
불타는 아랫목에 함께 누워
사랑을 나눈다
날마다 내린 비에
밤나무 이파리 이불을 덮고
환하게 반기고 있다

쭈빗쭈빛 자란 풀 자르고
독한 찔레를 파낸다

꽃단장 끝나자 서울 식구들 도착
저번에 왔던 손자
비석에 새겨진 이름에 기뻐하고
밤나무 이파리 두 개로
부엉이 만들어 왕할아버지께 꽂고
큰아주버님 인도로 예배 드리다
부모님이 좋아하신 말씀 찬송
몸으로 베풀었던 사랑
다시금 숙연해지다

오랫만에 온 이종 어린 손자
뭐가 맘에 들지 않는지 울면서 달리고
형이 하는 게임기에 맘 달래다

맛있는 한우 파티에 만족하고
예쁜 차를 마시며 이야기꽃 피우다
세뱃돈 주고받고 여행 선물 예약
사랑 가득한 명절이다

음식물 처리기

전주에서 출발해요
예배 끝나고
점심 준비하여 기다리다

순천 신대 지구 조금 밀려
때늦은 점심 뼛국 생선
맛있게 먹다

숙주 도라지 버섯 손질
아들 며느리 손 빌리고

며느리 선물
박스 속 나온 물건
여행 갈 때 준 용돈
아버님 쓰레기 버리러 다니시는 것
안쓰러워—

아들은 설치하고 자세한 사용법 소개
고마워 비싸지?
첫날 3번이나 사용 비싼 신고식 치르다
음식물 쓰레기 화분 거름으로 재사용

새로 배우는 것 싫어
하던 대로 살아가는 나
젊은이들 사용하는 편한 기계 좋다

오사카

오늘도 집 앞 어슬렁어슬렁
여행 가서 폐 끼치지 않으려
일 년 전부터 계획된 시댁 가족 나들이

오랜만 외국 나들이 들떠
옷 화장품 상비약 쌓아
캐리어 넣지 못하고
날짜는 꼬박꼬박 다가오는데

커다란 캐리어 덜렁
돌아올 때 선물 넣기 위해
연가 내고 구역 식구 미안함 전하고

아가씨가 넘어져 갈까말까
내일까지 기다려 달라는데
함께 갈 수 있기를 기도한다

공휴일 고려해 새벽 4시 출발
오전 8시 20분 영종도 도착
삼촌 추억 밥집 들러 느긋하게 먹는 아침
처음 해 본 발렛 주차 인천 공항 구경
비행기 지연에 반짝거리는 오사카 도착

비는 오락가락
늦은 시각 화려한 오사카 도톤보리
국수를 먹고 눈 호강
바삭바삭 새우 튀김과 고구마 튀김
평생 잊을 수 없는 맛

휠체어 탄 아가씨 오빠들 사랑에
부모님 생각나고 감사합니다
5쌍 모두 함께 의미가 더하다

오사카 교토 나라 고베
걷고 또 걷고 계단 오르고
둘째 아주버님 칠순 잔치는
혀에 착착 감기고 편안한 잠자리
2년 후가 기대되는
건강하고 사랑 넘친 가족 여행

추도 예배
— 2년만에 모인 가족

날짜가 정해지다
머리를 굴리기 시작
아무것도 준비 못하고
시간만 흐르다

아번엔 간단히
사자 마음먹고
새벽에 시장 바구니 가득 채우다
김치, 전, 잡채, 고기, 생선 등

코로나로 인해
어른들만 모이다

아버님의 삶을 기리며 예배 드리고
찔레와 풀 뜯어 정리하는 산소 정리
모두들 맛있게 먹었다 감사
후다닥 설거지 끝내고
홍시와 샤인 머스캣 입가심

동서네 찻집에 앉아
원하는 메뉴와 서비스에
배 터지고 내년 여행을 계획
형제가 모여 행복을 담다

▌시집 서평

육아의 경계를 넘나드는 사랑의 귀거래사
- 윤기옥 시인의 『첫사랑 페페』 시집을 중심으로

송 귀 영
(한국시조협회 자문위원)

1. 서언

윤기옥은 전남 순천 출생으로 현재 전남 고흥군 고흥읍에 거주하고 있으며, 한국 방송 통신 대학교 유아교육과를 졸업하고 유치원 유아 교사로 일해 온 고흥 작가회 회원이다. 지난 2021년 《흔맥문학》 통권 375호를 통하여 출품작 「페페 바라기」, 「위대한 선물」, 「첫 손자 첫 생일」, 「짠하다 짠해」, 「콩이 얼굴에 물들다」 등 다섯 편으로 신인 문학상을 받으면서 등단하였다. 평자는 윤기옥 시인의 첫 번째 시집 『첫사랑 페페』에 상재될 79편의 시편을 숙독하고 평설로 이 시편들을 탐색하려 한다.

시에서 동심의 정신적 심상[Mental image]은 언어 발달의 관계에 맞추어 완숙한 심상[Figurative image]과 진취적 이미지[Symbolic image]로 분류하고 있다. 시는 시적 사고와 산문적 사고를 통해 존재를 드러내고 있다는 점에서 다를 바 없으나 그 방법에 차이가 있음을 발견하게 된다. 시인은 시적 사고로 허구적이고 비지시적인 언어로 언어 이전의 대상과 교감할 수도 있다. 시학에 있어 순수한 공상(供想)의 이미지는 심상의 중심에 이미지 군을 발산한다.

현물의 묘사나 일상사를 비유로 대칭되는 한 편의 시가 문학 작품에 장착된 감각과 모든 대상의 물질을 은유하였거나 비유하는 보조 관념으로 포괄한다. 그래서

시의 관념은 극대화되어 나타나고 극대화한 관념은 정서의 융합을 함양시킨다. 인간의 탄생은 신비롭고 빛나는 순간이다. 육아기의 내면에는 고충이 있지만 그로 하여금 행복을 느낀다.

외손자인 인우와 인하의 성장 과정에서 다정한 귓속말을 주고받으며 느긋하게 엎치게 하거나 걷는 그 모습이 참으로 평화롭다. 이러한 모습의 행간은 서사적 시간에 영원한 현재라고 간주한다. 서사의 영원성은 문학적 표현에서 시도를 문법적으로 따질 필요성은 없을 것이다. 정성을 다하여 시작詩作에 담는다면 그 정성이 힘을 얻어 큰 날개를 펼 것이다.

시에서도 앎에 목마름이 절실해야 비로소 시다운 시를 쓸 수가 있다.

세상 어디에나 어둠이 있다는 생각과 어둠 속에서도 자신과 서로를 위로하면서 밝은 빛을 발산하려는 소망으로 시를 쓴다. 윤기옥 시인은 나름으로 첫 시집을 펴내는 데 촘촘히 박혀 있는 녹슨 쇠창살의 어둠과 같은 미로의 이야기를 담아 내고 있다. 그리고 어머니로서 가족의 희로애락을 직설적으로 드러내어 위로의 공감을 유도해 내고 있다.

윤기옥 시인의 시집이 결코 과장이 아닐 정도로 갈무리가 된 것은 수많은 습작과 긴 시간의 소요로 손쉽게 숙성되었음을 내심 드러내고 있다. 이번에 상재한 윤기옥 시집 『첫사랑 페페』는 4부로 구성된 동시 58편과 서사시 21편, 모두 79편으로 짜였다. 특히 천사의 목소리로 표출된 시어들은 쉬우면서도 정감이 간다. 이러한 시편 속에서의 고백은 첫 시집을 펴내는 감회가 묻어 나는 대목을 인지하게 된다. 하지만 서정과 서사를 넘나들면서『첫사랑 페페』는 유아 교육을 전공한 자로서 높은 평을 받을 가능성이 크다는 점이다.

동시의 위치와 육아의 언어를 적절히 배치하여 시인만의 시어詩語적인 언어로 형상화하고 있다. 적소에 혈이 통하는 어조로 주제와 진실에 접근하는 시적 구도와 언어의 효율적인 맥을 짚을 줄 아는 동시의 시인이다. 등단한 지 오랜 시간이 지나 이제야 첫 시집의 명패를 달았으니 그 감회가 깊을 것이다. 동시 창작에 임하고 있는 자세가 이미 상당 부분 습득되어 동심의 특성을 잘 살리고 있다는 찬사도 받을 만하다.

2. 위대한 선물로 더해가는 행복의 에스프리Esprit

모든 생명체는 종족을 보존하기 위하여 번식한다. 신은 인간에게 사랑이라는 선물을 주었다. 사랑은 내리사랑이라 했던가. 자식을 낳아 기를 때보다 손주를 안아 젖병을 물리는 것이 더 사랑스럽고 행복한 감정은 공통된 심정이다. 윤기옥 시인의 첫 시집에서 시제를『첫사랑 페페』로 정한 것은 심오한 뜻이 있는 것 같다. '페페Pepe'는 스페인과 포르투갈어 권의 남자아이인 호세,

조제Jose를 칭한다. 유럽에서 보통 이름난 선수들의 이름 뒤에 붙이는데, 시인은 새로 태어난 외손자가 튼튼하게 자라기를 기원하는 뜻에서 태아의 애칭으로 붙여 주고 싶은 욕망에서다. 엄마의 관점에서 딸을 결혼시키고 태몽을 꾸는 과정과 출산의 고통을 함께 나누던 가족의 생활 현장을 수채화처럼 그려 낸다. 탄생한 생명의 소중함에서 외손자의 재롱을 포함하여 딸, 사위 등 가족 구성원의 요체가 되는 서사적 연작 동시의 핵심은 우리들의 가족사이며, 언제나 파도처럼 출렁이는 고귀한 생동을 언어로 재탄생시키는 시詩적 세계다. 현대 사회의 노령화와 인구 감소 등 핵가족 시대에 없어서는 아니 될 필요한 가치와 희망의 이야기로 떠올린다. 그러나 인생의 참가치와 행복은 느끼는 자의 눈높이나 가치관에 따라 다르니 외면으로 드러난 행복지수는 사실상 허수에 불과하다. 다들 마음먹기에 따라 고통과 불행은 행복이 되고 또한 행복도 불행이 된다. 이러한 여러 요소를 고려하면서 윤기옥의 시편들을 들여다보고자 한다.

    작은 점 하나
    생명의 시작에 가슴 뭉클
    심장 소리를 들으며
    눈물 주르르르 가슴 쿵쿵

    초음파를 통해

눈 코 입 자랑하더니
양수 속 생명 영글어 가고
익어 가는 억센 어머니

의사의 청진기 영상 설명 스민
산모 가슴에 보물 1호 달고
세상 향해 기지개 켜는 빛나는 순간
바라보는 눈에 은구슬 대롱대롱
　　　　　　　－「위대한 선물」 전문

이 시편의 핵심은 위대한 선물로 안겨 주는 딸의 임신 소식이다. 임신한 딸의 몸에서 초음파와 청진기를 통하여 생명의 심장 소리를 듣는다. 영글어 가는 생명의 고귀한 맥박은 이 세상 둘도 없는 기쁨이며 생명의 씨앗을 피워 올리는 끈질긴 실존일 것이다. 시인은 딸의 몸속에 꾸준히 성장시키는 태아의 실체 앞에 환희의 감정을 이입하면서 동일시[Identification]의 감성으로 기쁨을 누린다. 위의 글「위대한 선물」은 시인의 심연에서 흘러나오는 시상들을 체험적 진실이 생존 법칙에 인생 문제를 겸손하면서도 진술한 자세의 직설법으로 환치시켜 표현하고 있다.

나에게 찾아온 기쁨이가
뒤집고 기면서
날마다 새로움을 선사하더니
돌 전 걷게 되다

뭐라 말할 수 없는 벅찬
충만에 숨이 멎을 것 같아
큰소리치며 손뼉 쳤더니
인우 눈이 커져 버렸지!

― (중략) ―

손뼉 치고 재잘거리고
인사도 꾸벅꾸벅
천재인 넌 음악도 잘 틀고

― (중략) ―

방실방실 웃는 너는
사진 찍어 주는 아저씨와
가족 모두를 즐겁게 하며
행복한 시간을 보냈지
항상 건강하고 찬란한 꿈 펼치며
하나님의 기쁨이 되길 소망한다. 인우야
　　　　　　－「첫 손자 첫 생일」부분

한 달 동안 외손자와 같이 생활하면서 달덩이처럼 점점 커 가는 아이의 모습에서 육아의 고된 일과도 행복으로 승화시킨다. 이유식을 만들고 돌잡이 한복을 만드는 동안에도 인우의 재잘거리는 재롱에 시간 가는 줄 모른다. 육아의 궤적을 반추하면서 사소한 일일지라도 삶의 의미를 새긴다. 육아의 대상이 시인과 교감 관계가 형성되지 아니하고서는 이러한 글을 쓰기가 어려울 것이다. 시인에게 찾아온 기쁨은 외손자가 날마다 커가면서 방실방실 웃거나, 손뼉을 치며 재잘거리고 인사도 곧잘 하는 육아기를 사진으로 남기는 쏠쏠한 재미를 소설처럼 연작의 시행으로 풀어내고 있다. 유쾌한 삶은 행복한 삶이다. 시인은 이 육아기를 통하여 참다운 삶의 의미를 깨닫고 있으며, 실타래를 풀 듯 아기자기한 사연들을 토해 내어 아무리 감추려 해도 자꾸만 묻어나는 웃음이 번진다.

찡그리고 우는 것 어디서 배웠을까?
금방 그치는 울음으로 인우 봐 달란다.

밥 먹다 그만 먹고 싶을 때 손을 밀고
자기 맘에 들지 않을 때 숟가락 물병이 뚝뚝
갖고 싶을 때 가리키며 으으 한다

인우 맘 울리지 않으려고
입김 뽀뽀로 원맨쇼 하면
눈물 뚝 언제 그랬나요?

아장아장 흔들흔들 뒤뚱뒤뚱
밖에 나가고 싶어 중문 흔들며
고개 쳐들고 베란다 창문 두드린다

코로나 땜에 집안에 갇힌 인우
눈물이 핑- 짠하다 짠해
하루빨리 밖에 나가고 싶어
오리가 산책하는 빨간불 초록불 책
자꾸자꾸 찾아온다.
- 「짠하다 짠해」 전문

무슨 불만인지 알 수 없이 터트리는 인우의 울음보를 달래 보며 응얼거리는 마음이 안쓰럽고 짠하다. 이러한 사랑은 기다림의 미학이 뜻밖에도 먼 훗날 아름다움으로 아련하게 기억되길 바라는 할머니의 마음이다. 「가슴 뭉클」 시편 중 인우의 입에서 "알아버지 알머니 한다/ 얼마나 듣고 싶었던 말이던가/ 가슴이 멈췄다// 알아버지 알머니에/ 세상을 다 가진 것처럼/ 가슴 터진다."의 표현은 그토록 듣고 싶은 말이 기다림에 행복을 더한 기폭제의 기쁨이 아닐 수 없다. 하루빨리 밖으로 나가고 싶어 아장아장 걸음마가 중문을 흔들고 창밖을 두드린다. 시인은 「외가에서 한 달 살이」 시에서 "인우가 커 가는 동안 할머니는 힘이 든다/ 이 모양 저 모양으로/ 할머니를 기쁘고 행복하게 하였다"라는 대목에서는 우리들의 마음마저 짠하게 한다.

날마다 새롭고 다양한 레고 놀이에
뿅 빠졌다

선물로 받은
파랑 노랑 초록색 타요 버스
비행기 속에 넣고 빼고 놀이하다

아침부터 빨강색 상자 가리키며 빠방
엄마 가방을 챙기고 중문을 연다

― (중략) ―

엄마는 대견하여
스티커 사도된다고 한다
동물을 좋아하는 인우는
동물 스티커 하나 득템하고

돌아오는 길 할머니에게 손
뽀뽀 쪽 뽀뽀 쪽
만족의 기쁨 누리다
　　　　　　 －「두 돌 어느 날」 부분

　레고Lego는 덴마크어로 '재미있게 논다[Play, Well]'라는 뜻을 가지며, 태어난 지 18개월쯤 되는 어린이를 위한 장난감을 지칭한다. 어린이의 흥미를 돋우고 뇌 발달을 위시하여 학습에 좋은 효과를 내며, 창의력이 샘솟는 레고Lego 놀이 장난감은 조립 완구로는 제격이다. 레고 완구 중 초록색 타요 버스, 비행기, 동물 스티커 등 다양한 종합 장난감 세트는 어린이들이 제일 좋아한다. 또한 시인은 「더해 가는 행복」에서 육아의 경험으로 아기가 왜 우는지 척척 알아내고 말없이 움직이는 손과 몸짓을 느끼게 된다. 손자가 자식보다 예쁘다는 말을 실감하며 동트는 아침을 맞아 행복에 춤춘다고 노래한다.

3. 번득이는 재치와 쉬 가리기의 도전

문학에서 가끔 현실을 있는 그대로 실감나게 묘사하는 경우가 있다. 시학적 묘사는 단순한 현실적 모방이 아니라 감정과 개성의 미적 요소가 첨가된 것이므로 예술적 가치를 지니게 된다. 이러한 시학적 묘사는 하나의 기법 장치이기도 하지만 내면에는 사실을 그대로 반사하는 거울 역할도 한다. 인간이 출생과 삶이 맞닿는 경계에서 인간 존재의 진정한 의미를 발견하려는 강한 의지를 투영하기도 한다. 탄생을 통해 인간 내면을 들여다보고 그 속에서 새로운 깨달음과 평온의 여정을 찾는다. 시는 그 특유의 아름다움과 힘으로 독자와 공감대를 형성하며 삶의 여러 결을 함께 나누려는 소망을 담는다. 오늘날 시인들에게 요구되는 것은 기존의 연대와 특정한 사회적 정황의 표현을 모방함으로써 작품의 미적 구조를 도외시하는 창작은 금기시되어야 한다. 모름지기 미적 진정성이 깃든 진지한 작업 태도를 견지한 창작이어야 한다고 본다. 바쁘게 돌아가는 시간 속에 피곤함을 무릅쓰고 밤늦은 시간까지 시 창작 공부를

하는 것이 즐거웠다고 술회한다. 윤기옥 시인은 작품에서 딸자식의 모정을 고스란히 드러내 보이는 내면에 외손자의 애틋한 정을 더 깊게 쏟아내고 있다. 시집간 딸이 처지가 곤란하거나 딱한 형편이라서 불쌍하고 속이 아픈 것이 아니라 딸자식과 외손자를 위해 어떠한 희생이라도 마다하지 않고 조건 없이 사랑을 주고 있다. 부모의 애틋한 정은 자식들이 어릴 때나 성장하여 분가한 후에도 수정처럼 빛을 잃지 않기를 소망한다. 그 순수하고 고귀한 자족의 사랑은 염려와 즐거움이 동반하면서 소박한 식탁에 놓인 수저통을 만지는 외손자의 모습들이 그림을 보는 듯 눈에 선하다. 다시 외손자의 육아 과정에서 나타나는 여러 시편 속에 담긴 형상들을 조명해 보고자 한다.

어린이집 등원 첫날 1시간 울다
목이 아프고 열 나서
입원하며 기침해서 쉬는 중

얼마 후 등원 순천만 체험 학습 날
오매불망 노랑 버스에 올라
친구 꽁무니 졸졸 넓은 세상 탐색하고

돌아와 자랑스럽게 엄마께
친구 사진 짚으며 이름 말하고
점심 먹고 와서는 김치는 아닌데
그래도 좋아

두 달째 접어들어 주위만 맴돌다
드디어 낮잠을 자고 왔다
졸이던 마음 내려놓고 안아 주며
그래 아름다운 세상 맘껏 꿈꾸렴
　　　-「인우의 세상살이」 전문

어린이집 등원과 체험 학습장에서 일어나는 소소한 일상을 세밀하게 시인의 시각으로 조명하면서 이 아이가 무럭무럭 자라나 아름다운 세상을 마음껏 꿈꾸기를 소망한다. 화자의 중심은 외손자 인우이고 인우의 하루는 시화의 핵심을 이룬다. 인용한 작품에서 알 수 있듯이 윤기옥 시인 가족애愛는 가시적인 형상만이 아닌 정실하고 변함없는 항심恒心의 정신과 염의念意에 내심을 나름대로 짚어 볼 수 있게 한다. 육아에 휘감기는 짧은 시간의 부피가 늘어나면 자신도 모르게 이토록 행복감에 젖어 드는 것일까? 평범한 우리들이 도저히 취택할 수 없는 심중에 내밀한 사랑의 참맛을 흥건하게 취하고 있음이다.

인우 아빠가 시간 내다
아들이 좋아하는 공룡
고성 공룡 엑스포 향하다

선선하고 파란 하늘
가슴이 뻥 뚫려

하늘만큼 커다란 공룡 무서워하지 않고
뿔 만지기도 하구
파란 눈 가까이
꼬리에 올라타기도 한다

하루 온종일
공룡 친구와 뛰노니
불타는 단풍 이불
인우 손 잡는다
- 「공룡 천국」 전문

위에 인용한 시편 「공룡 천국」은 동시로써 성공한 작품으로 인정받을 만하다. 시인은 어느 날 사위와 딸, 그리고 인우와 함께 고성 공룡 엑스포 현장으로 나들이 하러 간다. 인우는 하늘만큼 거대한 공용의 형상을 보고도 무서워하지 않고 공룡의 꼬리 부분에 올라타고 즐거워한다. 이렇듯 세심한 동심으로 들어간 화자는 공룡 친구와 놀이하는 유아의 세계에 속으로 빠져든다. 인우 가족과 함께하는 공룡 천국 엑스포를 즐긴 하루의 추억을 오롯이 간직하면서, 행위와 상태를 현실적으로 자연의 법칙에 의한 계절적 변화로 단풍 놀이도 병행한다.

교회 동영상 제출을 위해 온 가족이 뭉쳤다
인우는 흰옷 엄마 아빠 검정 옷 맞추어
텔레비전 앞
아빠 엄마 가운데 인우 섰다

〈반짝반짝 작은 별〉 음악 나오니
저절로 허리 손 엉덩이 씰룩쌜룩
왼쪽 오른쪽 고개 끄덕이고 무릎 굽힌다

— (중략) —

아빠는 어색하게 엄마는 예쁘게
인우는 곰돌이처럼 귀엽게
제일 신난 인우 방방 웃음꽃 피었다

신나고 즐거운 인우 가족
교회 전체 동영상 한 귀퉁이 장식하다
-「동영상」부분

 가족들은 합심하여 교회에 제출할 인우의 일상들을 동영상 제작에 몰두한다. 유치원 선생님의 율동을 흉내 내며 가르침에 앵무새처럼 따라 하고, 동요 음악이 흘러나오면 허리 숙여 엉덩이를 씰룩댄다. 왼쪽에서 오른쪽으로 고개를 끄덕이고 무릎까지 굽힌다. 새싹이 돋는 것처럼 병아리들이 조잘대는 유아들의 꼼지락거림이 참으로 귀여워 보인다. 이 시편에서 창조의 신비와 탄생, 성장 과정에 시간의 영원한 흐름, 생의 순환과 변화상 등을 어린이 행동거지에 빗대는 표현이야말로 동시의 위력을 느낄 수 있다.

엄마 입덧으로 인해
인우는 저녁밥을 할머니 집에서 자주 먹고
놀이하다 늦게 집에 온다

오늘 아침도 엄마 옆에 누워
조금만 더 조금만 누웠다 나나집 갈게요

― (중략) ―

엄마도 인우도 속상하다
예쁜 동생을 보는 일은
쉬운 일이 아니다
부쩍 엄마만 찾고
인우 맘 무릎에 앉고
인우는 서러운 시간을 보내며
형과 오빠가 될 준비하고 있다.
―「인우 아씨 타기」부분

할머니의 손에 이끌린 유치원 하원은 이제 일상이 된 화자는 본의에 얼마만큼 다가섰는지 가늠할 수 없어도 육아로 쏟은 정신만큼은 그저 즐겁기만 하다. 일상에서 대부분 육아에 얽매인 시간임에도 체험과 관찰, 사색 등을 통하여 어린이의 성장에 대한 정황을 소재로 삼아 자신의 견해나 감정을 예술적 감각의 언어로 표현하여 분신과도 같은 작품을 생산하는 시인이 지향하는 목적은 육아의 보람과 시 창작 행위일 것이다. 이 시편에서 인우 엄마의 입덧과 동생을 보는 일이 쉽지 않음을, 엄마를 찾기로 서러운 아이의 시간 보내기를 암유하고 있다.

4. 감성으로 채색한 어린이의 세계

유아 교육은 초등학교 전까지 어린이 놀이 교육을 말하며, 유치원이라는 유아 교육을 위하여 유아 교육법과 제도에 따라 운영된다. 찰진 유아 스토리는 아이들이 즐겁고 흥미롭게 이야기를 가르친다. 또한 유아가 신체 활동과 놀이를 통하여 건강한 습관을 형성할 수 있도록 신체적, 정서적, 사회적, 또는 인지적 발달을 모두 아우르는 프로그램을 제공한다. 젊은 부모들은 대부분 어린 자녀를 유치원에 보낸다. 윤기옥의 전 시편에 탑재된 작품들은 유아 교육을 전공한 분답게 감성적으로 어린이의 세계를 상세히 표현하고 있다. 외손자를 키우면서 세심한 부분을 끄집어 낸 가족 간의 필연적 인연으로 〈회심가回心歌〉의 마지막 대목을 듣는 것 같은 절대적 대상이 짙게 묻어 나는 연가이다. 가족은 기구하지만 피할 수 없이 필연의 핏줄을 이어받고 삶의 긴 여정에 운명으로 받아들인다. 탄생은 고귀한 것이며 하늘의 뜻에 따라 천륜이 생성되는 것이다. 한 핏줄이야말로 인연의 질긴 연緣애 묶여 형성됨으로써 때로는 살아야 할 이유를 제공하고 인고의 세월을 거쳐 한마음 공동체로 생성하며 소멸하는 것이다. 모성의 감성으로 포착

한 육아의 가치관과 순정의 굳은 신념이 가족 간에 사그라지지 않는 정감이 흘러넘치는 한 가정에 장면의 단면 사다. 우리들은 본능으로 가족에게 기약 없는 사랑을 조건 없이 주고 있는 축복의 복락을 잘 형상화한 솜씨에 눈길이 당기게 된다. 윤기옥 시편에서 은유나 비유가 없는 현실성을 있는 그대로 직설 화법을 채택하고 있다. 시인들은 '시중유화詩中有花'라는 말을 곧잘 하게 된다. 이는 곧 시詩 가운데 그림이 있고, 그림 가운데 시가 있다는 말이다. 시詩와 그림의 어울림을 일컫는데, 시적 대상에서 발생하는 직관적인 인상을 사실적으로 묘사한다. 주제를 효과 있게 전달하고 있는 점에 시중유화詩中有花의 내용을 더한층 돋보이게 하고 있다. 윤기옥 시편을 위와 같은 안목으로 다시 들여다본다.

    인우는 아침저녁
    얼굴을 보여 주다
    밥 먹고
    놀이하는 모습
    색칠하는 모습

    엄마 아빠는 열매 병원 들러
    걱정과 달리
    양수가 부족하지 않아
    입원하지 않으니 감사하다

배내옷 준비하고
열매 침대 준비

아빠는 코코몽 키즈 카페
인우의 기쁨 채우고
피곤하여 곯아떨어지다

사랑스러운 동생 열매 맞이가 분주하다
인우 몸과 마음이 기쁨의 형이 되기를 바라
                      - 「동생 맞이」 전문

엄마 아빠는 새로 태어날 열매[태명]를 맞기 위하여 배내옷과 아기 침대를 마련하기 위하여 바쁘다. 코코몽 키즈 카페는 실내 유아들의 놀이 공간으로 아이들의 오감 발달을 체험하는 놀이 시설이다. 대형 백화점에서도 고객들을 위한 어린이들의 다양한 테마를 구성하여 키즈 카페로 편의를 제공하고 있다. 현재 국내 대표 코코몽 키즈 카페로 가든 파이브 카페를 비롯하여 애플 키즈 클럽으로 부산 백화점이나 현대 시티 가든 파이브, 송파 가든 파이브 외에 서울 키즈 카페 등의 시설들을 만날 수 있다.

겨울옷이 무겁고 덥다
봄바람이 살랑거리는데
일기 예보 비 온 뒤 너무 춥다

주일 예배 후
소나기 한바탕 지나고
바람 거세고 비가 내린다
다시금 겨울 한파다

병원 다녀온다는 딸
2주 빠른 오후 3시경
출산 예정이란 말
한걸음에 순천을 향한다.

— (중략) —

아기와 산모가 건강하며
둘째여서 더 감사
영상으로 날마다 나무처럼 쑥쑥
만날 날을 손꼽아 본다
― 「열매 탄생」 부분

　　혹독한 진통을 겪으며 하체를 토막 내는 듯한 고통은 참으로 심각하다. 진통이 올 때마다 산모가 소리를 지르는 것은 단순히 아픔을 표현하는 것 이상으로 오묘한 생명의 신비가 들어 있는 행위의 소리이다. 몸과 마음의 교감으로 영혼을 어루만지는 숭고한 순간이기도 하다. 한 생명을 세상에 탄생시키는 과정이야말로 천지창조가 아니겠는가. 열매[태명]의 탄생은 가족의 두 번째 축복이다. 시인의 딸이 출산한 날씨는 봄이 오기 전

의 늦은 추운 겨울이다. 겨울 한파에도 출산 예정이라
는 소식을 듣고 병원으로 달려가다 보니 겨울옷이 무겁
고 덥다. 그러나 어린아이의 탄생은 미래에 대한 강한
의지를 갖추고 있으며, 삶의 황무지를 개척하려는 원천
의 힘이 되는 것이다.

오늘부터 셋이서 등원하는 날

인우 맘 인우에게 부탁
늦지 않게 등원하려면
인우가 혼자 밥 먹고 준비해 줘
아침마다 밥 먹다 놀이하던 인우

일찍 일어나
혼자 밥 먹는 형
사랑스러운 꿀단지가 된다

등원 준비 끝나
여유 부리며 어린이집 앞
인우는 친구에게 자랑
내 동생 인하야―
내 동생 볼래?
엄마 아기띠 속에 있는 파묻힌 동생
계속해서 자랑
모두가 행복한 등원 길 첫날
　　　　　　－「동생 자랑」 전문

어느덧 외할머니와 인우 형제 등 세 사람이 유치원에 등원하는 날을 맞게 되었다. 유치원 가기에 앞서 준비하는 과정이 부산한 일과다. 모든 정성을 다한 조심스럽고 헌신적 육아를 계속 유지한다는 것은 힘든 노릇이지만 외할머니로서 고단한 영광으로 받아들인다. 어린 아이의 보살핌에 시간을 빼앗긴들 손자들의 재롱으로 화자는 일상에서 외로움도 생길 틈이 없는 그저 행복한 나날이다. 못 본 체해도 보여서 달라붙는 얇은 재롱의 맛있는 웃음은 속임수 같은 단맛이 돈다. 마음이라는 심리 상태를 만들어 내는 뇌 속의 신경 세포들은 마음먹기에 따라서 얼마든지 바꿀 수가 있음을 느끼게 하는 동시 한 편이다.

    5인실 감기 환자들 틈바귀
    열 내리기 방법 잠만 자다
    즐거운, 여행 후 온 가족 놀란 가슴 안고
    큰 병원 알아보며 연휴 발만 동동
    중보 기도 부탁하며 주님께 매달린다
    다행히 열 내려 안식처 도착

    큰 병원 알아보는 중
    아이가 너무 어려
    가까운 광주 병원 빠른 예약
    기다리는 중 가슴이 타다
    인하는 할아버지 두 팔에 쏘옥

언제 제가 그랬나요 방실방실 웃으며
예민하고 자기 표현 정확한 둘째
무럭무럭 자라길 기도한다
　　　-「가슴 무너지다」 부분

사위가 2개월간 육아 휴직을 내어 아이들과 가족이 장거리 여행 계획을 세우고 예행 연습까지 하였다. 즐거운 여행을 한 뒤 귀가하여 피로해서인지 아이가 경련을 일으키며 심한 감기에 걸려 광주에 있는 종합 병원을 찾아가는 동안 화자는 가슴이 무너지는 걱정으로 안절부절못한다. 화자는 이러한 걱정을 시편「아프지 마」에서도 상세히 표현하고 있다. 아이를 키우다 보면 잔병치레도 하게 마련이다. 특히나 초보 엄마들에게는 말을 제대로 못하고 자기 표현이 어려운 유아들은 어디가 아픈지 알지 못하여 보호자의 근심은 말할 수 없는 고통을 안긴다. 더욱이 육아기에 엄마들은 아이들 건강 상태를 웃어른들의 경험과 지혜에서 배움으로 얻는 경우도 있다.

5. 사랑의 향기로 교감하는 행복한 동행

우리들은 내일을 알 수 없는 난세의 시대에 살면서 암울한 고통의 둔덕을 넘을 때가 있다. 미래가 궁금하고 난제들이 산재해 있음에도 소망을 확신하면서 희망이 다가오는 일을 꿈꾸며 어려운 삶을 견뎌 낸다. 그래서 시인들은 진실을 이미지화하여 행복의 기복을 적절하게 관리하며, 진솔한 축으로 시각화한다. 이러한 시각화는 그 해명이 독백의 형태로 태어나거나 권유의 형상이든 해석의 문답을 하게 한다. 이 모두가 사랑이라는 깨달음을 갖게 하며 행복은 의미 있는 해명의 저변에 정서적인 어루만짐을 동반한다. 진실 규명은 일상으로 멈출 수 없는 생명력에 진정한 즐거움을 동반한다. 희망과 사랑이 정직할수록 살기에 기쁘고 원죄의 후예로 운명적 대상에 종속되어 고백의 끝을 유추한다. 마음을 졸이며 언제 터질지 모르는 시한폭탄처럼 천차만별의 복잡한 세상에 불행의 연속이라도 생활 내면에는 희비喜悲가 상존한다. 우리가 어머니라는 존재에 모성이 호르몬의 마법 덕분으로 자식을 위해 죽을 각오가 되어 있는 여자로 숭모한다. 아이를 낳을 때 뇌에서 분비되는 옥시토신은 모성애의 원천이다. 젖을 물릴 때 다량 분비되어 자식과 애착 관계를 형성하는 호르몬의 조화다. 참척(자식이 부모보다 먼저 죽는 것)은 최악의 불효이다. 고통에 시달리다 우울증에 빠진 공감은 말로는 표현할 수 없이 비정 어린 천륜이다. 그럼에도 극단을 하는 행동은 비겁한 자의 대피소다. 미세한 순간 기록이 비범하게 만든 기억은 특별한 서사이다. 시차를 두고 위대한 인물과 한자리를 공유한다는 것은 삶이 문득 무료해질 때 깨우침에 도움이 된다. 삶은 가장 진부

한 순간마저도 특별하고 소중하다. 진실과 거짓의 경계를 발화한 시점은 오직 자아만이 정확하게 구분 지을 수 있다. 경쟁은 치열하고 성공은 소수점에서 갈릴 수 있음을 터득한다. 그때의 잣대로 지금을 잴 수 없고 살아남아야 하는 절실함이 오늘의 신세대를 멍들게 하고, 삶이 죽음보다 두렵다는 말이 아주 쉽게 나온다. 세상이 아무리 혼탁해도 엄마의 품이 먹먹한 가슴을 언제나 따뜻하게 해 준다는 것을 알았다고 노래한 다음의 윤기옥 시편을 음미해 보려 한다.

꽃다운 나이 바닷길 건너 육지 땅에 시집오던 날
외할아버님 말씀 단단히 가슴에 심고
낮은 산자락 논밭길 외딴집에
칠 남매 맏이 오 남매 종손의 며느리로
새벽달 벗삼아 네 남매 출가시켜
열한 명의 손주와 외증손자
믿음 소망 사랑의 꽃을 피웠다

대장부 성실한 가장 눈물로 밤새운 나날
손자들과 살 부대끼며 노인 대학 벗들과
행복한 날들 보내시는 어머님
코로나19로 온 가족 함께하지 못하고 케이크와
예쁜 꽃 조촐하게 차린 팔순 상이 목련처럼 함빡 웃다
―「금발의 팔순」 부분

위 시편에서 화두는 어머니 일생에 삶의 궤적이다.

어머니는 팔순에 금발을 하고 교회 권사로서 주님의 종으로 살아왔다. 열한 명의 손자와 외증손자, 그리고 믿음과 소망, 사랑의 꽃을 피웠던 어머니! 가슴을 태우는 심정이 애절한 감성으로 호소력 있게 표현하고 있다. 하늘에 떠다니는 이름다운 구름의 여유로움처럼 바람이 부는 대로 마음이 가는 대로 사랑하여 사랑을 듬뿍 받으며 노래를 부르거나 듣는 사람들에게 위로와 평안을 준다. 「금발의 팔순」에서 주지적인 시보다는 감성을 쉽게 드러내면서 아픔을 털어내고 즐거움을 함께 나눌 수 있는 공감대가 높다. 대중성이 깊고 감정이 뛰어난 시인의 형상적 예지와 표현력이 신선하고 우수하다. 더욱이 그리움과 사랑의 실체가 무엇이든 번지는 에너지를 주체하지 못하여도 감정을 다독이며 절제하는 언어들이 실감을 더해 주기까지 한다.

따갑고 콧등이 시원한 어느 가을날
운동화 챙기라는 남편의 말
깜박 정신을 차리다

길에서 멀리 떨어진 쌩쌩 달리는 터널 위
칡넝쿨 엉클어져 앞이 보이지 않는 길
꼬불꼬불 자동차 신음에 영차영차

조심조심 주차하고 우산 지팡이 삼아
길게 심호흡하며 일직선 오르막길을

헉헉헉 헉헉 남편 손까지 당긴다

몸이 아픈 당신 혼자 이곳까지
어떻게 오셨을까? 얼마나 마음 바빴을까?
자식들 걱정 끼치지 않으려
스스로 준비한 마지막 몽랑집
　　　　－「그리운 님」 부분

시인이 어린 시절 살아왔던 옛집과 아버지의 사랑을 사실적이고 적나라한 시어들로 형상화한다. 아버지가 준비한 몽랑집을 자신의 울타리 안으로 끌어들인다. 신화 속 늑대가 꿈꾸는 집, 토네이도에도 끄떡없는 견고한 집, 그러한 집을 아버지는 자식 걱정 끼치지 않으려고 준비하고 있음이 안쓰럽게 생각한다. 인생길에서 생로병사로 마주치는 시련과 고통을 감정 없이 받아들이기는 어려운 일이다. 화자는 조심스러운 마음을 내비친다. '몸이 아픈 당신과 그리운 님'은 아버지를 은유하고 있음이다. "몸이 아픈 당신 혼자 이곳까지 어떻게 오셨을까?"라고 되새기면서 하늘에 절실하고 간절한 마음으로 우러러 두 손을 모은다.

건강하게 낳아 주시고
사랑과 희생으로
부족함 없는 환경과
멋진 기억들을 만들어 주셔서 감사해요

모두 다 엄마 아빠 젊은 날의
희생과 고생이 있었기에 존재합니다
아빠가 펼쳐 놓으신 그늘 아래서
비를 피하며 자랐고
엄마의 포근한 다정함은
가장 큰 위로가 되었습니다

언제나 늘 젊은 엄마 아빠일 것 같았는데
어느덧 시간이 흘러 엄마는 할머니
아빠는 할아버지가 되었습니다
인우와 놀아 주는 할아버지 모습에서
어릴 적 다정하게 놀아 주던 아버지가 보이고
인우와 책을 읽는 할머니 모습에서
어릴 적 공부를 가르쳐 주던 엄마 모습이 떠올랐어요
 - 「동영상 편지」 부분

인용한 시편 「동영상 편지」는 '세 번째 스무 살'이라는 부제를 달고 있다. 세월이 아무리 흘러도 가장의 힘은 누구보다도 위대하다. 엄마의 품이 따뜻했고 언제나 자녀들의 버팀목이 되어 준 부모님의 회갑을 진심으로 축하를 받으며 자식들의 대견스러운 자립의 기쁨에 감사한 눈물을 흘린다. 시선이 머무는 곳마다 이 모든 부모님의 생활사를 무엇 하나 빼놓지 않고 며칠 밤을 새워 만든 아들의 동영상을 본다. 편지를 담아 기록한 동영상은 언제나 늙지 않는 부모일 것 같으면서 세월에 마모되는 모습은 명멸하는 존재의 유한성을 보는 자녀들의 안목은 애처로우며 받아들이기가 쉽지 않을 것이다.

6. 맺는 말

시의 언어는 내포적인 언어로서 어떤 사물이나 체험을 정확하게 전달하는 수단이나 도구로서 역할에 얽매이지 않고 생생한 상징이나 비유를 사용하기도 한다. 더욱 다양한 의미와 다채로운 감각, 그리고 시인이 표현하고자 하는 진실성의 전달을 중시하고 있다. 이 시집 『첫사랑 페페』에서 특히 수식어가 형성하고 있는 시 세계의 특성은 곧 시인이 전달하고자 하는 진실성과 깊은 연관이 있음은 의심의 여지가 없다. 여성성과 모성애를 지닌 시어의 빈번한 사용은 시인이 여성의 세밀한 아름다움에 기대어 순수한 사랑을 표현하고 있음을 펼쳐 보여 주는 것이라고 할 수 있겠다. 윤기옥 시인의 삶은 따뜻한 가족 사랑과 인간만이 형성되는 인연을 중시하기 때문에 여태껏 살아왔고 살아갈 자리를 계속 찾아 행복한 일들로 헤맬 것이 분명하다. 우리는 필연의 근간을 중시한 시인의 모습에서 인간관계의 저변에 흐르고 있는 역리 현상에 파생된 번민과 괴로움이 상재함을 보았다. 현실은 강고하게도 기대와는 다르게 그 어떤 방법으로도 해결할 수 없는 상황에 부닥친다면 누구에게나 답답할 수밖에 없다. 인간이 가장 순수하고 근본적인 욕망과 자유 의지에 상관없이 불가피한 현실에

처한 삶의 모습을 유추할 수 있게 하는 대목이다.

윤기옥 시詩 세계 내면에는 기쁨과 사랑의 긍정적인 성격의 묘사로 직설적 표현 기법에서 간혹 강렬한 은유 기법을 병행하고 있다. 이러한 기법은 원숙의 경지에 이르려는 시인들에게 많이 보이는 형태이다. 시간은 만질 수 없고 들을 수도 없으며 보이지도 않는다. 그러나 현실적 상상력과 시화의 조화로 이러한 시간을 만질 수 있고 들을 수 있으며, 보기도 가능한 이미지로 한 생명체를 탄생시킬 수 있는 것이다. 시의 보물 창고가 은유적 기법이라 할 때 직설은 창고에 보물을 담을 수 있는 도구가 된다. 시를 통해 삶의 진실을 이해하고 구성하며 직조하여 조종할 수 있어야 한다. 윤기옥 시인이 꼭 유념해야 할 것은 작시술에서 압축된 시상의 직설적 표현 기법으로 간결함을 추구하다 보면 모호해지고 유려함을 추구하다 보면 박력과 내상이 사그라진다는 사실이다. 그래서 거시적 은유로 직설적 표현의 탈피를 모색함으로써 더 깊은 사유로 창작에 임하기를 훈수해 본다. 향후 참신하고 신선한 건필健筆을 빌어 두며 『첫사랑 페페』 첫 시집을 계기로 신진을 벗어나 중견 시인으로 발돋움하는 발전이 있기를 기대하면서, 어린 아기를 품에 안고 있는 젊은 엄마들에게 이 시집의 탐독을 권하고 싶다.

첫사랑 폐폐

윤기옥 시집

초판발행 | 2025년 7월 15일
지 은 이 | 윤기옥
발 행 인 | 김영선
펴 낸 곳 | 흔맥문학출판부
　　　　　서울시 서대문구 통일로 479-5
　　　　　등록 1995년 9월 13일(제1-1927호)
　　　　　전화 02)725-0939, 725-0935
　　　　　팩스 02)732-8374
　　　　　이메일 hanmaekl@hanmail.net

값/ 20,000원

잘못된 책은 서점에서 바꿔드립니다

ISBN | 979-11-93702-23-9